살기 위해
중요한 것

살기 위해 중요한 것

The Science of Living

알프레트 W. 아들러 지음 | 박별 옮김

뜻이있는사람들

살아온 용기, 살아갈 희망!

알프레트 아들러(Alfred W. Adler)가 주장하는 심리학은 과학적이고 포괄적이다. 그 본질은 인간을 독자적 생활양식과 인격을 가진 개인으로서 바라보는 연구이다. 그래서 아들러는 이것을 '개인 심리학'이라 불렀다. 아들러 심리학은 개인을 더 이상 나눌 수 없는 존재이며 각각을 초월하는 통합체로 보았다. 인간의 삶은 개인이라는 전체가 필요한 기능 등을 사용하여 목적을 향해 행동하고 있다는 것이다. 구체적으로 말하면 인간은 상대적으로 마이너스 상태(열등감을 느끼는 위치)에서 플러스 상태(우월감을 느끼는 위치)를 지향하여 행동한다고 보는 것이다.

이 심리학의 연구 대상은 확고한 개성을 갖춘 진정한 인간, 우리가 실제로 만나는 남성과 여성, 아이들에게서 배우는 것이 유일한 방법이다.

흔히 말하는 '무의식'이 생물학적 기억이라는 것은 현대 심리학에서 일반적인 생각이다. 그러나 히스테리 연구에서 출발한 정신 분석학파의 창시자 프로이트는 성(性) 생활에서의 성공과 실패의 기억이 가장 중요한 것, 혹은 유일하게 중요한 것이라고 여겼다. 그리고 천재적인 정신과 의

사인 칼 구스타프 융은 이 협소한 사고방식을 확장하기 위해 초개인적(보편적), 또는 인류에 공통된 기억이라는 개념을 찾게 된다. 융에 따르면, 이런 보편적인 기억은 성의 기억과 동등한 힘이 있으며 인생에서 더욱 높은 가치가 있기 때문이다.

여기에 알프레트 아들러가 등장한다. 폭넓은 지식과 경험을 가진 의사 아들러는 무의식이라는 개념을 생물학적인 현실과 더 확고하게 결합하고자 했다. 아들러 자신도 정신분석학을 배웠기 때문에 기억을 분석하는 방법을 이용해 많은 치료 성과를 거두었고, 환자의 병든 마음을 풀어줘 명석함과 객관성을 확립시켜왔다. 그러나 그는 기억의 구조는 사람에 따라 다르며 모든 사람이 하나의 공통된 동기(예를 들어 '성(性)'에 의해 무의식의 기억을 만들고 있다는 것이 아니라는 것이다. 모든 사람은 각자 자신의 방법으로 경험을 선택하고 있다. 그 선택의 기준은 무엇일까? 아들러에 따르면, 그것은 바로 생물학적 욕구이다. 사람에게는 각자 무언가 열등감이 있고, 그 열등감을 채우고 싶다는 욕구가 동기가 된다. 그것은 마치 모든 영혼에 물질적인 현실 세계가 있고, 우리는 그 세계의 결함을 채우기 위해 뼈를 깎는 노력을 하는 것이다. 살아온 용기와 살아갈 희망이 그것을 증명해 주고 있다.

아들러는 전문 의사뿐만이 아니라 일반인, 특히 교사들에게 자신의 개인 심리학을 배우길 권하고 있다. 일반인도 폭넓게 심리학 지식을 배우는 게 마땅하고 현대 심리학은 병든 정신의 연구만을 하는 불건전한 학문이라는 여론에 대항해야 한다고 역설했다.

아들러 심리학의 이론적 틀은 다음 다섯 가지를 기본 전제로 성립한다.

1. 개인의 주체성(Creativity)

개인을 그 이상으로 분류할 수 없는 존재로 생각함으로써 전체로서의 개인이 심신을 이용하여 목적을 향해 행동하고 있다고 여기고 있다. 개인의 창조력, 창조성을 평가하고 있어 그것이 개인의 변화, 변용을 가능하게 하는 근거가 되므로 주체성보다는 창조성이 더 적절하다.

2. 목적론(Teleology)

전체로서의 개인은 생물학적으로는 개체 보존과 종족 보존. 사회학적으로는 소속, 심리학적으로는 그 사람다운 소속이라는 목표를 위해 행동한다.

3. 전체론(Holism)

예를 들어, 개인을 마음과 신체와 같은 모든 요소의 집합으로서가 아니라 절대 나눌 수 없는 개인으로서 바라본다. 따라서 아들러 심리학은 마음과 신체, 의식과 무의식, 감정과 사고 등의 사이에서의 모순과 갈등, 대립을 인정하지 않는다. 그것들은 마치 자동차의 액셀과 브레이크와 같은 것으로 액셀과 브레이크는 서로 모순된 것이 아니라 자동차를 안전하게 주행시키기 위한 목적을 위해 협력하고 있는 것과 마찬가지로, 개인이라는 전체가 마음과 신체, 의식과 무의식, 감정과 사고 등을 사용하여 목적을 향하고 있어야 한다.

4. 사회 통합론(Social Embeddedness)

인간은 사회적 동물이기 때문에 인간의 행동은 모든 대인관계에 영향을 끼친다. 아들러 심리학에서는 인간이 품고 있는 문제에 대해 전체론에서 인간의 내부에 모순과 갈등, 대립을 인정하지 않기 때문에 인간이 안고 있는 문제는 모두 대인관계의 문제라고 여긴다. 인간은 인간사회 속에서 존재하고 그 의미에서 사회에 조합된 사회적 존재이다. 사회적 존재이기 때문에 대인관계에서 갈등과 고뇌와 마주하게 되지만, 개인 속에서는 분열되지 않고 일체성 있는 인격으로서 행동하고 있다. 모든 행동에는 대인관계의 목적이 존재하고 있다. 사회에 통합된다기 보다는 처음부터 사회적 존재이다.

5. 가상론(Fictionalism)

전체로서의 개인은 상대적 마이너스에서 상대적 플러스를 향해 행동한다고 여긴다. 그러나 그것은 마치 상대적 마이너스에서 상대적 플러스를 향해 행동하고 있는 것으로 보이지만, 실제 상대적으로 마이너스 상태가 존재한다거나, 상대적으로 플러스 상태가 존재한다고 주장하고 있는 것은 아니다. 인간은 자신이 마치 상대적 마이너스 상태라고 느끼고 있으므로 그것을 보상하기 위해 마치 상대적 마이너스 상태를 지향하고 있는 것처럼 행동하는 것이다. 이것은 철학에서 인지론의 문제이다. 단, '인지'라는 용어의 사용 방법에 대해서는 기초 심리학(임상 치료를 직접적인 목적으로 하지 않는 연구)의 20세기 후반 이후의 주류파인 인지 심리학에서의 '인지'와는 크게 다르다는 것에 주의할 필요가 있다.

인류가 지금까지 존재할 수 있는 이유는 바로 적응이라는 단어다.

차례

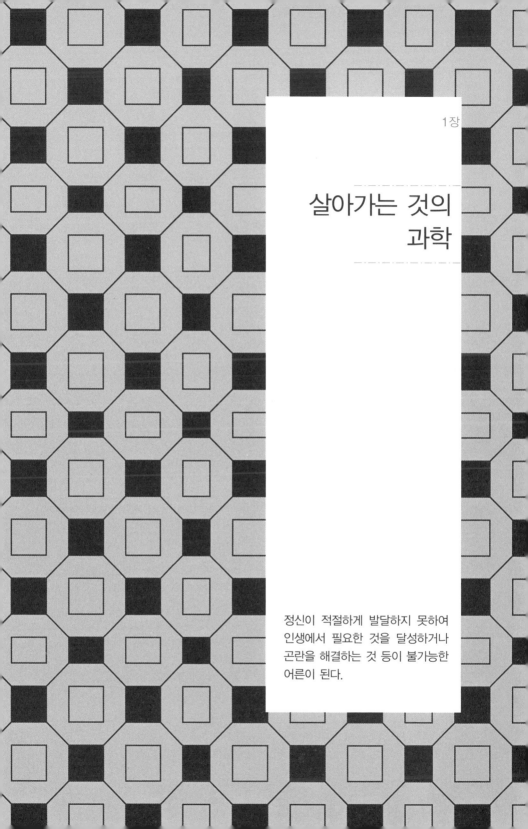

1장

살아가는 것의
과학

정신이 적절하게 발달하지 못하여
인생에서 필요한 것을 달성하거나
곤란을 해결하는 것 등이 불가능한
어른이 된다.

The shorter way to do many things is to do only one thing at a time.
많은 일을 해내는 지름길은 한 번에 한 가지 일만 하는 것이다.
Wolfgang Amadeus Mozart(오스트리아의 작곡가, 연주가)

인생의
목표를
알기 위해

위대한 철학자 윌리엄 제임스에 따르면, 인생과 직접 관계가 있는 과학만이 진정한 과학이라고 한다. 다른 말로 표현하자면, 인생과 직접 관계가 있는 과학에서는 이론과 실천은 떼려야 뗄 수 없는 관계라고 할 수 있을 것이다. 다시 말해 인생의 과학은 말 그대로 인생의 움직임에 입각하여 형성되었기 때문에 사는 것의 과학이 된다.

이 사고 방식은 개인 심리학의 과학에도 해당된다. 개인 심리학이란 한 인간의 인생을 전체적으로 파악하고자 하는 과학으로 그 사람의 모든 반응, 행동, 충동 속에 인생에 대한 태도가 정확하게 드러난다고 여기는 것이다. 그러한 과학은 필연적으로 실제적인 과학으로부터 비롯될 것이다.

지식의 도움을 빌리면 인간의 태도를 바꿀 수 있다. 때문에 개인 심리학은 두 가지 의미에서 '예언적' 이라고 할 수 있다. 앞으로 일어날 일을 예언할 뿐만이 아니라 예언자 요나와 마찬가지로 어떤 사건을 예언함으로써 그것이 일어나지 않게 하는 것이다.

개인 심리학의 과학은 인생을 움직이는 비밀의 힘을 이해하고자 하는 시험에서 발달했다. 그것은 성장하고자 하는 힘이자 어떤 방향에서 패배를 경험하면 또 다른 방향에서 성공을 지향하는 원동력이 되기도 한다. 이것은 '목적론' 적인 힘이다. 목표를 지향하여 노력할 때 나타나는 힘이자 그 노력 속에서 모든 육체와 정신의 움직임은 협력하게 된다. 때문에 그 사람의 전체상을 무시한 채 단지 몸의 움직임과 정신 상태만을 추상적으로 연구하는 것은 무의하다고 할 수 있을 것이다. 예를 들어 범죄 심리학에서 범죄자보다 범죄에만 주목하는 것과 마찬가지로 무의미한 일이다. 여기서 문제가 되는 것은 범죄 그 자체가 아니라 그것을 저지른 인간이다.

범죄적 행동에 대하여 아무리 깊게 생각하더라도 한 인물의 인생에서 일어난 사건이라는 시점이 빠진다면 행동의 범죄성을 이해할 수 없을 것이다. 그 행동 자체는 상황에 따라 범죄가 될지도 모르고, 혹은 아닐지도 모른다. 여기서 중요한 것은 개인이라는 문맥 속에서 생각하는 것이다. 그 인물은 자기 인생의 목적에 따라 모든 행동을 하고 있다. 목적을 알면 각각의 행동 뒤에 감춰진 의미를 이해할 수 있게 된다. 다시 말해 모든 행동을 전체를 구성하는 부분으로 해석하는 것이다. 그와 마찬가지로 전체적인 것을 염두에 두면서 각각의 부분을 검증하면 전체상이 보다 또렷하게 보이게 된다.

목표는
어린 시절에
형성된다

필자 자신이 심리학에 흥미를 갖게 된 것은 의사로서의 경험이 계기였다. 의사라는 일을 하면서 심리학적 사실을 이해하기 위해 필요한 목적론적인 시점을 가질 수 있게 되었다. 의료 세계에서는 모든 기관(器官)이 어떤 특정한 목표를 향해 발달한다고 여기고 있다. 그리고 완성형이 된 기관은 각각 독자의 형태를 얻게 된다. 더 나아가 기관에 어떤 결함이 발생할 경우 그 결함을 보충해 주는 작용이 자연스럽게 갖춰지고, 또한 다른 기관에 결함이 생기면 그것을 대신하려고 하기도 한다. 생명은 항상 계속되기를 지향한다. 그리고 생명의 힘이 외부의 힘에 아무런 저항도 하지 않은 채 굴복하는 일은 절대 없다.

정신의 작용도 이러한 기관의 작용과 매우 닮아 있다. 어떤 정신도 목표와 이상으로 여기는 상태가 있고, 현 상태를 뛰어넘어 도달하고자 하는 경향이 있다. 미래에 대한 명확한 목표를 가짐으로써 현 상태의 결함과 문제를 뛰어넘으려 하는 것이다. 이 명확한 목표가 있기 때문에 자신은 현 상태보다도 뛰어난 존재라는 것을 느낄 수 있다. 지향하는 목표가 없는 상태에서는 어떤 행동도 아무런 의미가 없는 것이 될 것이다.

이 명료한 목표는 인생의 이른 단계, 다시 말해 어린아이의 인격 형성기부터 만들어진다. 유아기에 형성이 시작되는 인격은 어른이 된 뒤 성숙한 인격의 원형이 된다. 어린아이는 아직 나약한 존재로 자신이 없고 주변의 혹독한 환경을 이겨내기 어렵다. 때문에 더욱 성장하고자 노력한다. 그저 성장하는 것이 아니라 스스로 결정한 목표를 향해 성장하는 것이다. 이 단계에서는 구체적으로 어떤 수단을 통해 성장할 것인가보다는 목표 그 자체가 중요해진다. 아이가 어떻게 이 목표를 결정하는지는 알 수 없지만 목표가 존재하는 것은 확실하고, 그 목표가 아이의 모든 행동을 지배하고 있다는 것도 틀림없다. 이 성장의 초기 단계는 아직 밝혀지지 않은 것이 많으며 그 힘과 충동, 동기, 무엇이 가능하고 무엇이 불가능한가가 베일에 싸여 있다. 한 아이가 목표 방향을 결정하는 것은 일단 인생의 목표를 확립한 뒤부터다. 그리고 사람은 인생의 방향성을 알아야 비로소 앞으로 어떻게 해야 할 것인지를 알게 된다.

잘못은
수정
할 수 있다

어린 시절에 목표가 생기고 인격의 원형이 형성되면 인생의 방향성도 결정돼 그 인물의 개성도 뚜렷해진다. 그 덕분에 미래의 삶도 예상할수 있게 된다. 그리고 그 이후는 인생의 방향성을 따라 일어난 일들을 해석하게 된다. 그러면 아이는 상황을 있는 그대로 해석하지 않고 자신 속에 있는 틀에 맞춰 해석한다. 다시 말해 자신의 관심이라는 선입관에 따라 해석하는 것이다.

이 문제에 대한 재미있는 사실이 있다. 기관에 결함이 있는 아이는 모든 경험을 결함이 있는 그 기관과 연관해서 해석하는 것이다. 예를 들어 위에 문제가 있는 아이는 음식을 먹는 것에 대해 과도한 흥미를 갖고, 눈에 문제가 있는 아이는 눈에 보이는 것에 집착한다. 이런 집착은 앞에서 말했던 독자적 해석의 틀에서 비롯된다. 때문에 아이의 흥미 대상을 간파하고 싶다면 결함이 있는 기관을 찾기만 하면 된다고 할 수 있겠지만, 현실은 그리 간단하지 않다. 그 아이는 자기 기관의 결함을 주변 관찰자의 예상대로 경험하지 않았을지도 모른다. 자기 나름대로의 해석 틀 안에서 잘못된 체험을 하고 있을지도 모른다. 그러므로 아이가 해석하는 틀을 알기 위해서는 분명히 기관의 결함은 하나의 힌트가 될 수 있지만, 겉으로 보이는 결함을 관찰한 결과만으로는 정확하게 알 수는 없다.

아이는 사물을 상대적으로 해석한다. 그 점에 대해서는 우리도 변함이 없다. 누구도 절대적인 진실을 아는 것은 불가능하다. 설령 과학이라도 그것은 마찬가지다. 과학은 오히려 상식을 바탕으로 하고 있기 때문에 항상 변화하여 큰 잘못이 수정되더라도 그저 사소한 문제로 모습을 바꿀 뿐이다. 우리는 모두 잘못을 저지른다. 그러나 여기서 중요한 것은 잘못은 수정이 가능하다는 것이다. 그리고 수정할 것이라면 빠를수록 좋다. 인격 형성기의 어린 시절에 수정하지 못하면 훗날 그 잘못이 발생한 상황이 재현된 후에야 수정해야만 한다. 때문에 신경증 환자를 치료하려고 할 때, 의사가 지향해야 할 것은 그 시점에서 발생한 문제를 수정하는 것이 아니라 인격 형성기까지 거슬러 올라가 결정적인 잘못을 찾아내야 한다. 근본적인 문제를 발견할 수 있다면 적절한 치료로 수정을 할 수 있다.

지금까지 살펴본 것과 같이 개인 심리학의 이론에서 생각해 볼 때, 흔히 말하는 '가지고 태어난 것'은 그다지 큰 의미를 갖지는 않는다. 중요한 것은 그 선천적인 것을 어린 시절에 어떻게 다루는가 하는 것이다. 다시 말해 어린 시절에 형성된 인격의 원형인 것이다. 선천적으로 기관에 결함이 있다면 당연히 유전이 원인이 된다. 그러나 그럴 경우에는 단순히 그 아이의 문제를 제거하고 양호한 환경을 만들어주기만 하면 된다. 현실적으로 문제가 확실하고 대처법도 알고 있다는 점에서 오히려 유리한 상황이라고 할 수 있을 것이다. 건강해서 선천적인 기관의 결함이 없는 아이라도 영양실조나 그 밖의 생육환경의 문제로 오히려 훨씬 더 큰 문제가 발생하는 경우도 적지 않다.

불완전한 기관을 갖고 태어난 아이의 경우 정신상태가 더더욱 중요하다. 그러한 아이는 훨씬 어려운 상황에 처해 있기 때문에 과도한 열등감을 품기 쉬워지기 때문이다. 인격의 원형이 형성되는 시기가 되면 그들은 이미 타인보다는 자신에게 흥미를 갖게 되어 그 경향은 어른이 된 뒤에도 지속된다. 인격 형성기에 잘못이 일어나는 것은 기관의 결함만이 원인은 아니다. 다른 상황에서도 마찬가지 문제가 일어날 수 있다. 예를 들어 지나치게 응석받이거나, 혹은 부모의 사랑을 받지 못한 케이스다. 선천적인 지병을 가지고 있다, 지나친 응석받이다, 사랑받지 못했다는 세 가지 케이스는 아이에게 특히 좋지 못한 환경이고 각각 구체적인 예를 들면서 다시 자세하게 살펴보기로 하겠다. 현재로서는 이러한 환경에서 자란 아이는 결함을 가지고 있어 진정한 자립심을 익히지 못한 탓에 항상 공격을 두려워하게 된다는 것만을 말해두기로 하겠다.

공동체
감각은
왜 필요한가

개인 심리학을 배우기 위해서는 무엇보다도 먼저 '공동체 감각'이라는 개념을 이해할 필요가 있다. 이것은 우리의 교육과 치료에 있어서 가장 중요한 것이기 때문이다. 용기가 있고, 자신이 있고, 세상에 자신이 있을 곳을 가지고 있는 사람만이 인생의 좋은 점과 나쁜 점의 양면을 모두 활용할 수 있다. 그들은 결코 두려워하지 않는다. 인생에는 곤란이 있다는 것을 받아들이고 자신이 그것을 이겨낼 수 있는 힘이 있다는 것을 알고 있다. 인생의 모든 문제에 대한 각오가 되어 있다. 그 문제는 항상 그렇듯 사회적인 문제이다. 인간이라면 사회 속에서 살아가는 태도를 익히지 않으면 안 된다.

앞에서 말했듯이 문제를 내포하고 있는 세 가지 타입의 아이는 공동체 감각을 익히는 데 고생을 하게 된다. 정신이 적절하게 발달하지 못하여 인생에서 필요한 것을 달성하거나 곤란을 해결하는 것 등이 불가능한 어른이 된다. 처음부터 패배감에 젖어 인생의 문제에 대한 대처를 하지 못해 인생의 무익한 측면으로 향하고 만다. 우리 심리학자가 그러한 환자를 치료할 때는 삶에 있어서 유익한 태도를 익히게 하여 인생과 사회 전반에 대한 전향적인 태도를 갖게 하는 것을 지향한다.

공동체 감각이 결여돼 있다고 하는 것은 인생의 무익한 측면에 위치하고 있다는 것이다. 공동체 감각이 없는 사람은 어린 시절에 문제아 그룹에 해당되고, 어른이 되어서는 범죄자나 정신이상자가 되거나 알코올 문제를 일으키곤 한다. 그럴 때 우리 심리학자는 그들이 유익한 태도를 익히고 타인에게 관심을 가질 수 있는 방법을 찾아내야 한다. 그렇게 생각했을 때, 우리가 주장하는 '개인 심리학'은 어떤 의미에서 '사회 심리학'이기도 하다고 할 수 있을 것이다.

실마리를
찾자

공동체 감각 다음으로 살펴봐야 할 문제는 개인이 발달 과정에서 직면하는 곤란을 발견하는 것이다. 언뜻 보면 이 문제가 더 어려울 것처럼 보일지도 모르지만 실제로는 그다지 복잡하지 않다. 누구나 잘 알고 있듯이 응석받이 아이는 주변으로부터 빈축을 사게 된다. 그리고 우리의 문화에서는 사회도 가정도 영원히 응석을 받아주지 않는다. 응석받이 아이는 이른 시기에 인생의 문제와 직면하게 될 것이다. 학교에 들어가 새로운 사회와 접촉하게 되면 새로운 사회적 문제가 발생한다. 응석받이 아이는 공부를 하기 싫어할지도 모르고 동급생과 함께 놀고 싶지 않을 수도 있다. 이전까지의 인생에서 학교라고 하는 공동체 속에서 살아가는 훈련을 받지 못했기 때문이다. 실제로 그 아이는 인격의 원형이 형성되는 유아기의 경험에 따라 학교생활과 같은 상황을 두려워하며 더욱 응석을 부리게 된다. 그러한 성격은 선천적인 것이 아니다. 그 아이의 인격 원형과 인생의 목적에서 추론할 수 있기 때문이다. 어떤 특정한 성격에 의해 인생의 목적이 결정돼 있기 때문에 그 이외의 목적을 갖는 성격은 불가능하다.

때문에 이 '삶의 과학'에서 다음 단계는 감정을 연구하는 것이 된다. 목적에서 비롯된 인생의 방향성은 개인의 성격, 물리적 행위, 표현, 그 밖에 겉으로 드러나는 증상에 영향을 끼칠 뿐만이 아니라 감정적인 면도 지배하는 것이 된다. 인간이라는 존재는 우습게도 언제나 자신의 태도와 감정을 변명거리로 삼아 정당화하려 한다. 때문에 훌륭한 일을 하고 싶다고 생각하는 사람은 그 생각에 감정적인 면의 전부까지 지배되는 것이 된다. 한 인물의 감정과 그 사람의 과업에 대한 사고방식은 언제나 일치한다고 여겨도 틀림이 없을 것이다. 감정에 의해 행동에 대한 경향이 더욱 강화된다. 설령 감정이 없더라도 어떤 행동을 취하는 것은 변함이 없다. 감정은 단순히 행동에 부수되었을 뿐이다.

이 사실은 잠자고 있을 때 꾸는 '꿈' 속에서 또렷이 볼 수 있다. 꿈의 목적을 발견한 것은 아마도 개인 심리학에 있어서 가장 새로운 공적이라 할 수 있을 것이다. 물론 모든 꿈에도 목적이 있고 그것을 확실히 이해할 수 있게 된 것은 최근의 일이다. 꿈의 목적은 구체적이지 않고 일반적으로 표현하자면 감정과 정서 속의 특정한 작용을 일으키는 것이고, 그다음에는 역으로 그 감정과 정서가 다시 꿈을 꾸게 한다. '꿈은 언제나 속인다.'라는 속담이 있는데, 이것은 꽤 흥미로운 말이다. 우리는 '나는 이렇게 되고 싶다.'는 꿈을 꾼다. 깨어 있을 시간의 행동에 대비해 꿈속에서 리허설을 한다고 해도 좋을 것이다. 단, 이것은 실제로 벌어지지 않을 수도 있는 리허설이다. 이렇게 생각해보면 꿈은 분명 속이고 있다. 감정이 만들어낸 상상에 의해 실제로 행동으로 이어지지 않고 행동의 스릴을 맛보고 있는 것이다.

이러한 꿈의 특징은 깨어 있는 시간 속에서도 발견할 수 있다. 인간은 언제나 자신의 감정을 속이려 한다. 자기 자신을 설득하여 4살이나 5살 때 형성된 인격의 원형에 따라 사는 길을 선택하려 한다.

유소년기에
완성되는
인격의 원형

그러므로 이제부터는 이 인격의 원형을 분석하기로 하겠다. 앞에서
도 살펴봤듯이 원형은 4살이나 5살에는 이미 완성돼 있기 때문에 그 이
전에 아이가 경험했던 것을 살펴볼 필요가 있다. 무엇을 경험할 것인지
는 아이에게는 정말로 각양각색이다. 어른이 생각하는 것보다 훨씬 많은
양상이 있다. 큰 영향을 끼치는 경험 중의 하나는 아버지나 어머니에 의
한 지나치게 엄격한 가정교육, 또는 학대로 인해 정신이 억압되는 것일
것이다. 이것을 경험한 아이는 정신의 해방을 추구하게 되고, 그것이 때
로는 심리적 배제라는 형태로 드러난다. 때문에 쉽게 격앙되는 아버지
밑에서 자란 여자아이는 남성을 거부하는 성격의 원형이 만들어진다. 혹
은 엄격한 어머니에게 억압받은 사내아이는 여성을 거부하는 원형이 만

들어질 것이다. 물론 이 '거부'라는 태도는 여러 가지 형태로 표출된다. 예를 들어 극단적으로 내성적이 될 수도 있고, 이상한 성행동을 취하려 할지도 모른다(이 또한 이성을 거부하는 태도의 한 형태다). 이러한 도착(倒錯)은 선천적인 것이 아니라 유소년기의 환경에서 비롯되는 것이다.

유소년기에 잘못된 취급을 받은 아이는 이후의 인생에서 큰 고생을 하게 된다. 그런데도 그 아이가 어떤 치료와 지도를 받는 일은 거의 없다. 부모는 아이의 문제를 깨닫지 못하고 문제를 아이에게 말하지도 않기 때문에 그 아이는 성격의 원형대로 정해진 방향성에 따라 살아야만 한다.

왜
형과 동생은
다른가

　희한하게도 완전히 똑같은 상황에서 자란 아이는 이 세상에 절대 없다. 예를 들어 같은 사정이라 할지라도 아이를 둘러싼 분위기는 각자 전혀 다르다. 때문에 처음 태어난 아이는 두 번째 이후의 아이와 달리 일종의 독특한 환경에서 자라게 된다. 첫 아이는 아직 다른 아이가 없기 때문에 가족의 주목을 한 몸에 받을 수 있다. 그리고 둘째가 태어나면 큰 아이는 왕좌에서 내려와야 하는 실망을 맛보고 환경의 변화에 불만을 품게 된다. 큰 아이에 있어 이렇게 권력을 빼앗기는 것은 큰 비극이다. 이 비극이 큰 아이의 인격 형성에 영향을 끼쳐 어른이 되어서도 성격에 영향을 끼치게 된다. 실제로 과거의 사례를 보면 그러한 아이는 대부분 인생에서 고생을 하게 된다.

가정 안에서의 생육 환경이 다른 것에 대해서는 사내아이와 여자아이의 처우가 다른 예도 있다. 흔히 볼 수 있는 것은 사내아이를 과대평가하고 마치 여자아이는 인생에서 아무것도 달성하지 못할 것처럼 대하는 방식이다. 그렇게 자란 여자아이는 자신에게 자신을 갖지 못하고 무엇도 도전할 수 없게 된다. 무언가를 달성하기 위해서는 남자가 아니면 안 된다고 여기며 모든 일에서 뒤로 물러나게 된다.

두 번째 아이에게도 독자의 특징이 있다. 첫 아이와 가장 큰 차이점은 이미 아이가 있는 환경에 태어난다는 점이다. 덕분에 큰 아이를 페이스메이커 삼아 성장할 수 있다. 대부분의 경우 둘째아이는 페이스메이커를 추월하게 된다. 그 원인을 찾는다면, 첫 아이는 갑자기 나타난 경쟁 상대를 미워하게 되고 그런 미움이 가족 내에서의 지위에 영향을 끼치기 때문이라는 답을 내리게 될 것이다. 첫 아이는 경쟁을 두려워하기 때문에 효과적으로 싸우지 못한다. 부모의 평가도 점점 떨어져 둘째아이만 귀여움을 독차지하게 된다. 한편, 둘째아이는 태어났을 때부터 페이스메이커가 있기 때문에 경쟁하는 것이 당연한 상태이다. 둘째아이는 가정 내에서 이 독특한 지위의 영향을 받아 인격이 형성돼 간다. 반항적이고 권위를 존중하지 않는 성격이 될 것이다.

역사와 전설을 풀어보면 이러한 '강한 막내'가 많이 등장한다. 예를 들어 구약성서의 요셉이 그렇다. 그는 언제나 남에게 이기려는 타입이다. 실제로 그는 막내가 아니지만 집을 나온 지 오래 뒤에 동생이 태어나 그의 성격에 영향을 끼치지 못했다. 요셉은 언제나 막내의 입장이었다. 우화 속에서도 주역은 언제나 막내다. 그러한 성격은 유소년기에 이미 형성돼 본인이 자각하지 않는 한 바꿀 수 없다. 아이를 교정하고 싶다면 먼저 유소년기의 체험을 본인이 이해하고 자각해야 한다. 인격의 원형에 오류가 있기 때문에 인생 전반에서 악영향을 받고 있다는 것을 본인이 자각해야만 한다.

과거의
기억을 통해
알 수 있는 것

　인격의 원형을 이해하고 거기서 그 사람의 본질을 파악하기 위해서는 과거의 기억을 분석하는 것이 효과적인 방법이다. 지금까지의 연구를 종합한 결과, 과거의 기억과 인격의 원형 사이에 큰 관계가 있다는 것은 틀림이 없다. 여기서 잠시 기관의 결함이 있는 아이의 예를 생각해 보자. 예를 들어 위가 나쁜 아이의 경우 그 아이에게 무언가 본 기억이나 무언가를 들은 기억이 있다면, 그것은 아마도 음식에 관한 기억일 것이다. 그리고 혹시 왼손잡이 아이라면 왼손잡이라는 사실이 인격 형성에 영향을 끼친다. 어머니에게 응석받이였던 아이도 있을 것이고, 동생이 태어난 아이나 아버지에게 자주 맞은 아이, 학교에서 따돌림을 받은 아이도 있을 것이다. 위와 같은 정보에는 매우 큰 의미가 있으며 그 위미를 읽어내는 기술을 배울 필요가 있다.

아이의 과거 기억을 이해하기 위해서는 매우 높은 공감능력이 필요하다. 아이와 같은 입장에서 마주하는 것이 중요하다. 그러한 공감능력이 있어야 비로소 둘째가 태어나고, 아버지로부터 폭력을 당하는 등의 체험이 아이에게 미치는 영향을 제대로 이해할 수 있게 된다.

아이의 인격형성에 대하여 또 한 가지 중요한 사항을 지적해 두겠다. 벌을 주고, 꾸중을 하고, 설교를 하는 방법은 아이가 얻을 수 있는 것이 전혀 없다. 어떻게 바꾸어야 하는지를 어른도 아이도 알지 못한다면 아무리 꾸중을 하더라도 아무것도 이룰 수 없다. 왜 꾸중을 들어야 하는지 이해하지 못한 아이는 비겁한 겁쟁이가 된다. 그 아이의 인격 원형은 벌과 꾸중으로는 바꿀 수 없다. 그 아이의 마음속에 이미 해석의 틀이 완성돼 있어 벌과 꾸중이라는 인생의 경험은 모두 그 틀을 통해서만 해석되기 때문이다. 가장 먼저 바탕에 깔려 있는 인격을 이해하지 못하면 아무것도 바꿀 수 없는 것이다.

문제가 있는 아이의 가정을 관찰하면 설령 가족 모두가 지성을 겸비하고 있더라도(다시 말해 이런 문제를 이해하고 올바른 답을 할 수 있더라도), 그들의 마음속에 뿌리 깊게 자리 잡은 열등감을 확인할 수 있다. 물론 지성과 상식은 꼭 같은 것은 아니다. 그런 가정의 아이는 신경증 환자와 매우 흡사한 정신상태가 된다. 예를 들어 강박 신경증 환자는 무의미하다는 것을 알면서도 창문 수를 헤아리곤 한다. 사회에 도움이 되는 존재가 되고자 하는 사람은 절대로 그런 일을 하지 않는다. 또한 정신병을 앓고 있는 사람의 또 한 가지 특징은 자신밖에 모르는 사고방식과 말이 있다는 것이다. 그들은 절대로 상식적인 말로 말하지 않는다. 그리고 상식적인 언어는 공동체 감각의 상징이다.

상식이라는
지혜

    상식을 통한 판단과 개인적 판단을 비교해 보면 대부분은 상식에 의한 판단이 옳다. 우리는 상식에 따라 좋은 일과 나쁜 일을 구별한다. 자주 틀리기 쉬운 복잡한 상황이라도 상식에 따라 행동한다면 오류는 자연스럽게 정정된다. 그러나 개인적 판단으로 행동하는 사람은 다른 사람과 비교해서 좋은 일과 나쁜 일의 판단을 틀리는 경우가 많다. 게다가 주변 사람들도 그 사람의 행동을 보는 것만으로 선악의 구별을 하지 못한다는 것을 쉽게 상상할 수 있다.

    예를 들어 범죄에 대하여 생각해 보자. 범죄자에게 자신의 지성과 이해력, 범죄의 동기에 대해 물어보면, 대부분 자신이 한 일이 현명하고 영웅적이었다고 생각한다는 것을 알 수 있다 이 범죄를 통해 자신이 우위에 서 있다고 믿고 있는 것이다. 다시 말해 경찰을 따돌려 다른 사람들보다 뛰어나다는 것을 증명했다는 것이다. 스스로 영웅이라고 착각하고 있기 때문에 자신의 행동에 문제가 있고 영웅과는 거리가 멀다는 것을 꿈에서조차 생각하지 않는다. 그들은 공동체 감각이 결여돼 있기 때문에 무익한 행동을 취하며 용기가 있는 것이 아니라 오히려 겁쟁이에 불과하다는 것을 정작 본인은 깨닫지 못하고 있다. 인생의 무익한 측면을 향하는 사람은 대부분 어둠과 고독을 두려워한다. 누군가와 함께 있기를 바라고 있다. 이것이 바로 겁쟁이의 태도이다. 정말로 범죄를 방지하고 싶다면, 범죄는 비겁한 행동이라는 사고방식을 침투시키는 것이 가장 좋을 것이다.

범죄자 중 30살 무렵에는 개과천선하고 결혼하여 일을 갖고 선량한 시민이 되는 사람도 있다는 것은 잘 알려져 있는 사실이다. 그들은 어떻게 변할 수 있었을까? 강도범을 예로 들어보자. 30살이 되면 20살짜리 강도에게 일을 빼앗기게 된다. 젊은 편이 현명하고 체력도 좋기 때문이다. 게다가 언제까지 젊었을 때와 똑같은 생활을 할 수는 없을 것이다. 그 결과 범죄라는 직업은 더 이상 어울리지 않게 돼 은퇴를 택하게 된다.

또 한 가지 염두에 둘 것은 형을 무겁게 할수록 범죄자가 오히려 '자신이 영웅이다.' 라는 확신을 굳히는 결과로 이어진다는 것이다. 범죄자는 대단히 자기중심적인 세계관으로 산다는 것을 잊어서는 안 된다. 참된 용기, 자신감, 공동체 감각이 존재하지 않고, 공통의 가치를 전혀 이해하지 못하는 세계다. 그런 인물이 사회에 참가하는 것은 불가능하다. 신경증 환자가 스스로 어떤 그룹을 만드는 일은 거의 없다. 광장 공포증, 또는 정신병을 앓고 있는 사람이 그런 일을 하는 것은 불가능하다. 문제가 있는 아이, 또는 어른이 되어 자살한 사람은 누군가와 친구가 되는 일은 절대 없다. 이것은 사실이지만 이유는 불분명하다. 그러나 이유는 있다. 그들에게 친구가 없는 것은 유아기의 인격 형성에 있어서 자기중심적인 경향이 만들어졌기 때문이다. 잘못된 목표를 정해 그 결과 인생의 무익한 길을 걷게 되고 만 것이다.

교육과
훈련의
프로그램

여기서부터는 개인 심리학이 제공하고 있는 교육과 훈련 프로그램에 대하여 살펴보자. 대상이 되는 것은 신경증 아이, 범죄자, 알코올의 문제가 있는 사람, 또는 인생의 유익한 면에서 벗어나고 싶어 하는 사람들.

그러한 사람의 문제를 이해하기 위해 먼저 문제행동의 계기를 묻는 것으로 시작된다. 상대는 대부분 최근의 사건을 계기로 들겠지만, 그것은 틀린 말이다. 그 이전부터 그 사람은 이미 문제가 있는 상태이고, 계기가 된 사건을 받아들일 준비가 되지 않았기 때문이다. 모든 것이 잘 돌아갈 때는 인격의 원형에 오류가 있어도 감춰져 있다. 그리고 새로운 상황이 전개될 때마다 인격의 원형에 의해 결정된 해석의 틀에 따라 그 상황에 대처해 나가게 된다. 그리고 이 인물의 행동은 단순한 반응이 아니다. 창조적이고 본인의 목표와도 일치한다. 이 목표는 생애를 통해 그 사람을 지배하게 된다. 개인 심리학의 연구를 시작한 당초부터 유전의 요소와 고립된 사례라는 가능성은 배제해도 문제가 없다는 것이 분명해져 있다. 한 경험에 어떤 반응을 할 것인가는 인격의 원형에서 비롯된 해석의 틀에 의해 결정된다. 따라서 어떤 치료 성과를 거두고 싶다면 이 해석의 틀과 마주해야 한다.

목적을
이해하자

이상이 개인 심리학의 사고방식으로 25년에 걸친 연구 성과이다. 이미 잘 알다시피 개인 심리학은 오랜 시간을 통해 새로운 방향을 지향해왔다. 세상에는 수많은 종류의 심리학과 정신의학이 존재한다. 사고방식은 심리학자에 따라 제각각이고 모두 다 자신이 옳고 다른 사람은 틀리다고 믿고 있다. 어쩌면 독자도 자신의 신념과 착각에 의존하지 않는 것이 좋을지도 모른다. 여러 사고방식을 비교해 보자. 예를 들어 우리는 윌리엄 맥두걸(William McDougall:1871~1938. 영국, 미국의 심리학자이자 사회심리학자. 본능에 의해 인간행동을 설명하려는 본능설을 주장하여, 초기의 사회심리학에 큰 영향을 주었다.)이 제창했던 것처럼 '본능의 심리학'에는 동의하지 않는다. 왜냐하면 본능은 거의 유전으로 결정되기 때문이다. 우리는 이렇게까지 큰 유전의 역할을 인정하지 않는다. 마찬가지로 행동주의자가 제창하는 '조건부'와 '반응'이라는 사고방식에도 동의하지 않는다. 한 개인의 운명과 인격을 '충동'과 '반응'으로 단정하는 것은 무의미하기 때문이다. 오히려 그 사람을 움직이게 하는 '목적'을 이해하지 않으면 안 된다. 본능의 심리학도, 행동주의도, 개인의 목적을 고려하지 않았다.

분명 '목적'이란 말은 의미가 막연할지도 모른다. 따라서 좀 더 구체화할 필요가 있을 것이다. 결국 목적을 갖는다는 것은 신처럼 되고 싶다고 생각하는 것이다. 그러나 신처럼 되는 것은 궁극의 목적이다. 목적 중의 목적이라 할 수 있을 것이다. 교육자는 자신이 신을 지향할 때도, 아이들에게 신을 지향하라고 지도할 때도 주의해야 한다. 실제로 발달 단계에 있는 아이는 보다 구체적이고 가까운 목표를 가지고 있다. 주변에서 가장 강한 사람을 발견하고 그 사람처럼 되려고 한다. 그것은 아버지일지도 모르고, 또한 어머니일수도 있다. 설령 사내아이라도 주변에서 어머니가 가장 강하다면 자신도 어머니처럼 되려고 한다. 좀 더 성장하여 마부가 가장 강해 보이면 이번에는 마부가 되고 싶다고 할 수도 있다.

마부를 목표로 결정한 아이는 마부처럼 행동하고 마부처럼 옷을 입는다. 이것저것 모두 하나부터 열까지 마부의 흉내를 내려 한다. 그러나 거기에 경찰관이 나타나면 마부는 이미 과거의 존재다. 그 이후로도 의사가 목표가 될 수도 있고, 교사가 목표가 될지도 모른다. 교사는 학생에게 벌을 줄 수 있기 때문에 강한 사람으로서 존경의 대상이 되기 때문이다. 아이는 자신의 목표를 선택할 때 모범이 되는 존재를 결정할 수 있다. 그리고 누구를 모범으로 삼을지에 따라 그 아이의 사회성을 가늠할 수 있을 것이다. 예를 들어 장래에 무엇이 되고 싶은가 하는 질문을 받은 사내아이가 '사형집행수가 되고 싶다.'라고 대답했다면, 그 아이에게는 공동체 감각이 결여돼 있다고 생각할 수 있다. 그 아이는 삶과 죽음을 지배하고 싶다고 생각하고 있다. 즉, 신의 역할인 것이다. 그 사내아이는 사회보다 강한 존재가 되고 싶다고 생각을 하고 있고, 때문에 인생의 무익한 측면을 향하게 된다. 의사가 되고 싶다는 목표도 삶과 죽음을 지배한다는 의미에서는 신을 지향하는 것과 닮아 있지만, 이 목표는 사회 공헌을 통해 실현할 수 있다.

2장

열등 콤플렉스란 무엇인가

누구라도 자신이 무력하다는 것을 느끼는 경우가 있다. 곤란 앞에서 방황을 하며 자기 혼자 해결할 수 없다고 느낀다.

To live is to think.
산다는 것은 생각하는 것이다.
Marcus Tullius Cicero(로마의 정치가, 문필가, 철학자)

열등감은
무의식 속에 있다

　개인 심리학에서 '의식'과 '무의식'을 구별하는 것은 잘못이라고 여겨지고 있다. 의식과 무의식은 같은 방향을 향하여 움직이고 있으며 서로 모순되지 않는다. 이 두 가지는 별개의 것이 아니다. 단지 그 의미를 아는지 모르는지의 차이가 있을 뿐이다. 어느 것이 의식이고 어느 것이 무의식인가 하는 것은 그 사람의 인격 원형이 또렷해질 때까지는 알 수 없다. 인격의 원형이란 앞 장에서 봤듯이 그 사람의 인생 패턴을 말한다.

　과거의 사례를 보더라도 의식과 무의식 사이에는 밀접한 관계가 있다는 것을 알 수 있다. 예를 들어 40살의 기혼 남성이 있다고 하자. 그는 뭔가 불안을 품고 있다. 창밖으로 뛰어내리고 싶은 충동이다. 그는 이전부터 이 불안과 싸워왔지만 그 이후로는 전혀 문제없이 살고 있다. 친구가 있고, 하는 일도 순조롭고, 아내와의 관계도 양호하다. 언뜻 보면 설명하기 힘든 상태지만 의식과 무의식의 관계를 생각해 보면 해답이 보일지도 모른다. 그의 잠재의식은 창밖으로 뛰어내리지 않으면 안 된다고 느끼고 있다. 그래도 그는 살아 있으면서 실제로 창밖으로 뛰어내리려 한 적조차 없다. 왜냐하면 그에게는 또 하나의 인생이 있기 때문이다. 그리고 또 하나의 인생에서는 자살충동과 싸우는 것이 중요한 역할을 다하고 있다. 창밖으로 뛰어내리고 싶다는 의식과 그 충동을 억제하려는 의식의 싸움에서 그는 승리를 하고 있다. 다시 말해 그의 '라이프스타일'(이 말에 대해서는 뒤에서 자세히 설명한다.)에 있어서 그는 승리자이자 '우월하다.'는 목적을 달성하고 있는 것이다. 여기서 독자는 의문을 품을지도 모른다. 이 남성은 자살충동을 갖고 있는데 왜 자신을 승자라고 생각하는지를. 그것은 그라는 존재 속에 자살충동과 싸우고 있는 무언가가 있기 때문이다. 그는 그 싸움에서 이겼고, 그 결과로서 자신을 뛰어난 존재라고 여긴다. 객관적으로 본다면 우월을 지향하는 싸움 뒤에는 그 자신의 나약함이 있다. 이것은 무언가 열등감을 품고 있는 사람에게는 흔히 있는 일이다. 그러나 여기서 중요한 것은 그의 속에 존재하는 우월을 지향하는 싸움에 있어서 사는 것과 이기는 것을 지향하는 의지가 열등감을 이겨내고 자살충동을 억누르고 있다는 점이다. 분명 자살충동은 잠재의식 속에 있고 열등감은 무의식 속에 존재하지만, 무의식 속의 승리가 중요한 것이다.

그럼 이제 이 남성의 인격 형성이 개인 심리학의 이론으로 설명할 수 있을지 살펴보기로 하자. 우선 그의 어린 시절의 기억을 분석한다. 이야기를 들어보니 그는 학교에서 문제가 있었다. 동급생 친구들이 싫어서 도망치고 싶어 했다. 그러나 그는 어떻게든 참고 버티며 친구들에게서 도망치지 않고 학교에 머물렀다. 이 기억을 보는 것만으로도 그가 어려서부터 자신의 나약함과 싸워왔다는 것을 알 수 있을 것이다. 그는 문제로부터 도망치지 않고 문제를 정복한 것이다.

이 남성의 성격을 분석하면 그의 인생 목표가 공포와 불안과 싸워 이기는 것이라는 것을 알 수 있다. 그의 의식과 무의식이 이 목적을 좇아 협력하고 동맹을 맺은 것이다. 이 의식과 무의식의 동맹을 믿지 않는 사람의 입장에서 본다면 이 남성은 자살충동이라는 문제를 품고 있을 뿐 어디에도 승리와 우월함이 없다고 생각할지도 모른다. 그저 싸워 이기고 싶다고 생각하고 있을 뿐 근본적으로는 겁쟁이로 보일 수도 있다. 그러나 그런 견해는 잘못돼 있다. 이 케이스에 관한 모든 사실을 고려하지 않은 채 그 사람의 전체상을 무시한 해석이기 때문이다. 인간은 모든 요소가 합쳐져 하나의 인격이 된다고 생각하지 않는다면 개인의 전체를 이해하고자 하는 이 심리학도 완전히 무의미해질 것이다. 인간에게는 두 가지 측면이 있다. 각각이 서로 관계가 없다고 생각한다면 하나의 전체로서 인간의 인생을 파악하는 것은 불가능하다.

혼자서는
살 수 없다

모든 것이 결합된 하나의 인생이라고 생각한다면 사회와의 관계라는 요소도 잊어서는 안 된다. 예를 들어 처음 태어난 아이는 나약하고 그 나약함 때문에 주변 사람이 과잉보호를 한다. 그 아이의 성격을 분석해보려면 그 아이를 돌보는 존재, 그 아이의 약점을 감싸주는 존재에 대해 고려해야만 한다. 단지 그 아이만을 본다면 그 아이의 어머니와의 관계와 가족과의 관계를 정확히 이해할 수 없을 것이다. 아이의 개성은 그 아이의 몸속에만 존재하는 것이 아니다. 그 아이를 둘러싼 사회라는 문맥 속에서 생각할 필요가 있다.

이것은 아이뿐만이 아니라 인간 전체에도 어느 정도 해당된다. 가족 안에서 정해진 나약함이라는 위치는 그대로 사회 속에서의 위치를 결정하는 나약함이기도 하기 때문이다. 누구라도 자신이 무력하다는 것을 느끼는 경우가 있다. 곤란 앞에서 방황을 하며 자기 혼자 해결할 수 없다고 느낀다. 그래서 인간은 집단을 형성하는 방법으로 곤란과 맞서왔던 것이다. 고립된 개인이 아니라 사회의 일원으로서 살아가는 것이다. 사회 속에서 살아가는 덕분에 사람은 자신의 무력감과 열등감을 이겨낼 수 있는 것이다. 그것은 동물도 마찬가지다. 나약한 종족은 언제나 집단으로 행동하고 집단의 힘으로 곤란을 극복하려 하고 있다. 예를 들어 버펄로는 무리를 지어 늑대로부터 스스로를 지키고 있다. 한 마리의 버펄로는 늑대에게 당하겠지만 무리를 지으면 늑대와 호각세로 싸울 수 있을지도 모른다. 반면에 고릴라, 사자, 호랑이 등의 동물은 무리를 짓지 않는다. 왜냐하면 자신의 몸을 지킬 힘을 선천적으로 갖고 있기 때문이다. 인간은 이런 동물처럼 강인함은 갖고 있지 않다. 날카로운 발톱도, 날카로운 이빨도 없고, 혼자 살아갈 수도 없다. 인간이 사회를 형성하게 된 것은 혼자서는 살 수 없는 나약함이 원인이다.

부족한 것을
보충하는 힘

사회를 구성하는 인간을 개별적으로 본다면 그 능력은 각자 다르다. 그러나 제대로 기능하고 있는 사회에서는 개인의 능력이 부족한 부분을 서로 보완해 주고 있는 것이다. 이것은 매우 중요한 일이다. 왜냐하면 그렇지 않다면 모든 인간이 선천적인 능력만으로 평가를 받기 때문이다. 실제로 한 부분의 능력이 떨어지더라도 제대로 기능하는 사회에서 살고 있다면 그 부족함을 충분히 보완할 수 있다.

여기서 능력 부족과 약점은 모두 다 선천적인 것이라고 가정하자. 그러면 심리학의 목적은 능력 부족을 보완하기 위해 타인과 협조하며 살 수 있도록 개인을 훈련하는 것이 된다. 이것이 사회라는 것이고 자신에게 부족한 부분을 극복하기 위해 서로 협력하고 있다. 언어를 만들어낸 것이 사회라는 것은 누구나 다 알고 있지만, 사실 그 사회를 만들어낸 것은 개개인이 품고 있는 약점이다. 이것이 사실이라는 것은 아이의 행동을 관찰해보면 알 수 있을 것이다. 아이는 자신의 욕구가 채워지지 않으면 주변의 관심을 끌려 한다. 그리고 관심을 끄는 방법으로 어떤 말을 사용한다. 만약 아이가 관심을 끌 필요가 없다면 아무 말도 하지 않을 것이다. 태어나서 몇 달 동안은 어머니가 모든 것을 해주기 때문에 관심을 끌 필요가 없는 상태이다. 한 기록에 따르면 아무 말도 하지 않아도 욕구를 충족할 수 있었기 때문에 6살 때까지 전혀 말을 하지 못했던 아이가 있었다고 한다. 벙어리 부모의 아이도 이 케이스에 해당한다. 넘어져 아파올 때도 목소리를 내지 않고 우는 것이다. 어차피 부모는 듣지 못하기 때문에 목소리를 내더라도 허사라는 것을 학습한 것이다. 그래서 아이는 목소리가 아니라 우는 표정으로 자신의 고통을 부모에게 전달하려 한다.

지금까지 살펴본 것처럼 사실을 분석할 때는 그것을 둘러싸고 있는 사회적 문맥도 염두에 두지 않으면 안 된다. 한 개인이 특정 분야에서 우월해지기를 지향하고 있다면, 그 동기를 이해하기 위해서는 사회적 환경에도 눈길을 줄 필요가 있다. 또한 무언가 사회적 부적응을 이해할 때도 마찬가지다. 사회에 적응하지 못한 많은 사람은 언어라는 수단으로 타인과 접촉하는 데 곤란을 겪고 있다. 예를 들어 말더듬이를 관찰하면 철이 들면서부터 사회에 적응하지 못했다는 것을 알 수 있을 것이다. 어떤 활동에 참가하는 것도 싫고, 친구와 동료를 만드는 것도 싫다. 언어 발달에는 타인과의 교류가 반드시 필요하지만, 말더듬이 아이는 타인과 교류하려 하지 않는다. 그 결과 말더듬이는 고쳐지지 않은 채 그대로 계속된다. 실제로 말더듬이 중에는 두 가지 타입이 있어 타인과 교류를 하려는 사람이 있는가 하면, 타인을 피해 고립된 사람도 있다.

사회 속에서 살아오지 않은 아이가 어른이 되면 사람들 앞에서 말하지 못하고 대부분은 무대공포증을 겪게 된다. 그들이 그렇게 된 것은 청중을 적으로 보기 때문이다. 적대적이고 위압적인 청중(본인의 눈에는 그렇게 보인다.) 앞에 서면 열등감 때문에 떨리게 된다. 사람들 앞에서 똑똑히 말하기 위해서는 자신을 믿고, 또한 청중을 신뢰하지 않으면 안 된다. 그래야 비로소 그 사람은 무대공포증에서 해방될 수 있다.

이상에서 알 수 있듯이 열등감은 사회에서 살아가는 훈련을 받지 못한 문제와 밀접한 관계가 있다. 사회에 적응하지 못한 이유로 열등감이 생긴 것이기 때문에 열등감을 극복하기 위해서는 사회에서 살아가는 훈련을 받는 것이 기본일 것이다.

집단적
지성을
활용하자

사회에서 살아남는 훈련과 상식 사이에는 직접적인 관계가 있다. 상식을 통해 문제를 해결하는 것은 사회에 축적된 집단적 지성을 활용하는 것이다. 한편, 앞 장에서 살펴봤던 것처럼 자신 밖에 모르는 말로 이야기하고 특이한 해석의 틀을 가진 사람은 사회 속에서 이상한 존재로 취급된다. 정신병을 앓는 사람, 신경증 환자, 범죄자 등이 이에 해당할 것이다. 그들은 타인과 사회의 규범과 같은 것에 흥미를 보이지 않는다. 그러나 그들이 구원받기 위해서는 사회성을 익히는 수밖에 없다.

그런 사람들을 치료할 때 우리 심리학자가 해야 할 일은 사회적인 사항에 흥미를 갖게 하는 것이다. 신경증 환자는 자신에게 선의를 품고 있다는 것만으로도 만족하지만, 선의만으로는 충분하지 않다. 사회에서는 실제로 달성한 것, 실제로 나눈 것이 중요하다는 것을 그들에게 이해시켜야만 한다.

열등감, 우월감을 추구하는 마음은 누구나 갖고 있지만, 그렇다고 해서 모든 사람이 평등한 것은 아니다. 남보다 부족하거나 뛰어난 점이 있다는 것은 누구나 마찬가지지만 강한 체력, 건강, 자라난 환경은 제각각 다르다. 때문에 같은 상황이라도 모든 사람이 같은 실패를 하는 것은 아니다. 아이를 관찰하면 절대로 옳은 반응 방식 같은 것은 존재하지 않는다는 것을 알 수 있을 것이다. 아이는 자기 나름의 방법으로 반응한다. 보다 나은 라이프스타일을 획득한다는 목적은 같지만, 지향하는 방법은 모두 다르다. 각자가 독자의 실패를 하고 독자의 길을 통해 성공으로 다가간다.

온갖 장해,
온갖 노력

예를 들어 왼손잡이 아이가 있다고 하자. 그 아이는 이른 시기부터 오른손을 쓰도록 훈련을 받았기 때문에 자신이 왼손잡이라는 것을 깨닫지 못했다. 그러나 훈련을 시작할 때는 오른손 사용을 힘들어할 것이다. 때문에 꾸중을 당하고, 비판을 당하고, 바보 취급을 당한다. 이렇게 조롱을 당하는 것은 잘못으로 양손을 다 쓰도록 훈련을 해야 마땅하다. 갓 태어난 아이라도 왼손잡이인지 아닌지는 쉽게 알 수 있다. 오른손보다는 왼손을 활발하게 움직이기 때문이다. 그리고 성장한 뒤에 오른손을 맘대로 쓸 수 없기 때문에 고민을 할지도 모른다. 그러나 오히려 잘 쓰지 못하는 덕분에 자신의 오른손에 큰 관심을 갖는 경우가 많다. 그리고 그 흥미는, 예를 들어 그림을 그리거나 글씨를 쓸 때 등의 형태로 드러난다. 실제로 성장한 뒤 왼손잡이가 오른손을 더 잘 쓰게 되는 경우도 많다. 오른손잡이보다 의식적으로 훈련하기 때문이다. 덕분에 예술적 측면의 능력이 크게 성장하는 경우도 많다. 그런 아이는 대부분 향상심(向上心)이 강하고 자신의 약점을 극복하기 위해 노력한다. 그러나 때로는 너무 힘들어 남을 질투하게 되고, 그 결과 지나친 열등감에 사로잡히기도 한다. 그런 열등감은 대부분 통상적인 케이스보다 극복하기가 더욱 힘들다. 어려서부터 고생을 했기 때문에 그 아이는 항상 싸워야 하는 사람이 될지도 모른다. 실수를 저질러서는 안 된다고 마음속으로 굳게 맹세하고 있는 것이다. 그런 사람은 타인과 비교해서 더욱 크고 무거운 짐을 짊어지고 있다고 할 수 있다.

아이가 어떻게 위를 지향하고, 실패하고, 성장할지는 4살부터 5살 정도까지 형성된 인격의 원형에 의해 결정된다. 각각의 아이가 자기 나름대로의 목적을 가지고 있다. 화가가 되길 바라는 아이도 있는가 하면 현재의 환경에 불편함을 느껴 어딘가 다른 곳으로 가고 싶어 하는 아이도 있을 것이다. 옆에서 보면 그 아이가 약점을 극복하는 방법을 알 수 있을지도 모르지만, 정작 그 아이 본인은 알지 못하고 그 아이에게 사실을 제대로 알려줄 사람도 거의 없다.

많은 아이가 눈, 귀, 폐, 위 등에 어떤 장해를 가진 채 태어난다. 그런 아이들은 자신의 불완전한 부분을 강하게 인식하고 있다. 예를 들어 이런 흥미로운 예가 있다. 한 남성은 회사에서 집으로 돌아온 밤에만 천식 발작을 일으켰다. 나이는 45살이고 결혼도 했으며 회사에서의 지위도 높다. 왜 회사에서 돌아왔을 때만 발작을 일으키는지 묻자, 그는 이렇게 설명했다.

"아내는 매우 현실적인 사람이고, 저는 이상주의자입니다. 때문에 의

견 충돌이 자주 일어납니다. 집에 있을 때는 한가롭게 쉬고 싶지만, 아내는 외출을 하고 싶어 하며 집에 있는 것에 불만을 토로합니다. 그래서 저는 기분이 상하고 호흡이 힘들어집니다."

왜 이 남성은 호흡이 힘들어지는 걸까? 왜 천식이나 구토라는 증상이 아닌 걸까? 그것은 인격의 원형이 항상 반응을 결정하기 때문이다. 아무래도 그는 어린 시절 어디 아픈 곳이 있어서 붕대를 감고 있었던 것 같다. 붕대 압박이 심한 탓에 호흡이 힘들었던 것이다. 그러나 돌봐준 간호사가 상냥한 여성으로 항상 그를 위로해 주었다. 그녀는 아이의 투정에 아무 불평도 하지 않고 걱정해 주었다. 그는 이 체험 탓에 주변 사람들이 항상 자신을 제일 먼저 생각해 준다는 착각을 갖게 된 것이다. 그가 4살 때, 간호사가 결혼식에 참석하기 위해 멀리 떠난 적이 있었다. 어머니와 함께 역까지 배웅을 해주고 온 그는 슬픔에 엉엉 울었다. 간호사를 태운 열차가 출발하자 그는 어머니에게 이렇게 말했다.

"간호사 누나가 떠나버려서 더 이상 재미있는 일이 하나도 없어."

그는 이 원형을 가진 채 성장하여 어른이 된 후에도 항상 자신을 우선으로 생각해 주는 사람, 곁에서 위로해 주는 사람을 원하게 되었다. 그의 문제는 호흡이 힘든 것이 아니다. 그 간호사처럼 돌봐줄 사람이 없다는 것이 문제이다. 물론 그런 사람을 찾는 것은 쉬운 일이 아니다. 그는 항상 모든 상황을 지배하고 싶어 했고 어느 정도는 성공하기도 했다. 그가 호흡곤란을 일으키면, 아내는 극장이나 사교모임 약속을 취소했다. 그리고 그는 '우월성이라는 목적'을 달성하는 것이다. 이 남성은 의식적으로는 바른 언행을 염두에 두고 있지만 마음속으로는 지배자가 되기를 바라고 있다. 아내를 마음대로 조종하여 현실적인 인간이 아니라 이상적

인 인간으로 만들고 싶어 하고 있다. 이런 동기를 가진 사람은 겉모습의
인상만으로 판단하지 않는 것이 좋을 것이다.

장해를 어떻게 대처할 것인가가 문제

눈에 장해가 있는 아이는 시각에 대해 강한 흥미를 갖는 경우가 많다. 그들은 그렇게 해서 특수한 능력을 키워간다. 예를 들어 위대한 시인 구스타프 프라이타크(Gustav Freytag:1816.7.13~1895.4.30, 독일의 극작가, 소설가, 평론가)는 심한 난시 때문에 눈이 잘 보이지 않아 문학 재능을 활짝 피울 수 있었다. 문학자나 화가 중에 눈이 잘 보이지 않는 사람이 많다. 프라이타크는 이렇게 말하고 있다. "나는 눈이 보통사람들과 다르기 때문에 상상력을 키워야만 했다. 그것이 문학에 도움이 되었는지는 잘 모르겠지만, 아무튼 눈이 나쁘기 때문에 보통사람이 현실을 보는 것보다 상상의 세계가 훨씬 더 잘 보였을 것이다."

천재라 불리는 사람들을 조사해 보면 눈이 나쁜 등, 무언가 장애를 안고 있는 사람이 많다는 것을 알 수 있다. 신화를 풀어보면 신들 중에서도 한쪽 눈이나 양쪽 눈이 보이지 않는 등의 장애가 있다. 거의 눈이 보이지 않으면서도 평범한 사람보다 뛰어난 시각을 가지고 있어 선과 그림자와 색의 미묘한 차이를 예민하게 느끼는 사례도 있다. 이러한 천재가 현실적으로 존재한다는 것을 생각해 볼 때, 특정한 장해를 가진 아이도 주변이 그 장해를 바르게 이해한다면 큰 힘을 발휘할 수 있을 것이다.

또한 '먹을 수 있을지 없을지.'에 대한 흥미가 남보다 많은 사람도 있다. 그들은 언제나 '이건 먹을 수 있다.' '저건 먹을 수 없다.'와 같은 식으로 생각하고 있다. 왜 그렇게 되었을까? 대부분의 경우 어린 시절 음식 때문에 고생을 한 것이 원인이다. 그런 사람은 위에 어떤 문제가 있었기 때문에 걱정이 많은 어머니가 먹어도 되는 것과 먹어서는 안 되는 것에 대한 심한 잔소리를 했기 때문일 것이다. 그들은 자신의 약한 위를 극복해야만 했고, 그 과정에서 평소의 식사 내용에 큰 관심을 갖게 되었다. 그리고 언제나 먹는 것에 대한 생각을 하고 있었던 덕분에 일류 요리사가 되거나 영양학 전문가가 되기도 한다.

그러나 위장이 약하기 때문에 때로는 '먹는 일' 대신의 행위에 흥미를 갖기도 한다. 흥미가 '돈을 모으는 일'로 향한 사람은 그로 인해 욕심이 많거나 혹은 은행가로 성공하기도 한다. 그들은 돈을 손에 넣기 위해 남보다 열심히 노력하며 잠을 잘 때도 돈에 대한 생각으로 머리가 꽉 차 있다. 항상 사업에 대한 생각만 한 덕분에 경쟁자보다 우위에 설 수 있다. 실제로 부자들 중에는 위장이 약한 사람이 많다. 이것은 흥미로운 사실이다.

지금까지 살펴본 마음과 육체의 관계에 대해 다시 한 번 확인해 보자. 어떤 장해가 반드시 특정 결과로 이어지는 것은 아니다. 불완전한 몸의 기능과 특정한 나쁜 라이프스타일 사이에 인과관계는 존재하지 않는다. 어떤 장해가 있더라도 올바른 영향과 치료를 통해 개선할 수 있다. 장해 그 자체가 나쁜 결과를 초래하고 있는 것은 아니다. 진짜 원인은 장해에 대한 본인의 태도이다. 때문에 개인 심리학에서는 뭔가 육체적 장해만으로 특정 정신상태를 일으킨다는 것은 생각할 수 없다. 그 장해에 대한 그릇된 태도가 정신에 문제를 품게 만드는 진짜 원인이다. 거기에 더해 개인 심리학에서는 인격 형성기에 열등감과 싸우는 것은 중요한 일이라고 여기고 있다.

열등감과
상식

장해를 이겨낼 수 없어 욕구불만을 품게 되는 사람도 있다. 차분하지 못한 사람, 쉽게 화를 내는 사람, 쉽게 흥분하는 사람은 대부분 큰 열등 감을 갖고 있다. 자신은 장해를 이겨낼 수 있다고 믿는 사람은 정신이 차분하다. 그러나 그로 인해 필요한 것을 달성하지 못하는 경우도 있을 수 있다. 건방지고, 반항적이고, 싸움을 좋아하는 특징을 가진 아이 또한 큰 열등감을 갖고 있는 경우가 많다. 그럴 경우 심리학자가 해야 할 일은 그들 속에 있는 진짜 원인을 찾는 것이다. 그들이 품고 있는 문제와 장해를 찾아내고 적절한 치료를 하지 않으면 안 된다. 인격의 원형에서 비롯된 나쁜 라이프스타일을 비판하거나 꾸짖는 것은 금물이다.

아이를 관찰하면 그 아이가 어떤 인격의 원형을 갖고 있는지 알 수 있다. 어떤 흥미를 가지고 있는지, 경쟁에 이기기 위해, 우월해지려는 목적을 달성하기 위해 어떤 수단을 이용하고 있는지 등이 힌트가 될 것이다. 예를 들어 자신의 행동과 표현에 자신이 없는 아이가 있다. 그런 아이는 가능한 남을 멀리하려 한다. 새로운 상황에 직면하는 것을 싫어하고 안심할 수 있는 작은 틀 안에 머무르려 한다. 그것은 학교, 인생, 사회, 결혼에서도 마찬가지다. 자신의 작은 세계 속에서만 성과를 올리고 우월성이라는 목적을 달성하려 한다. 이러한 특징이 있는 사람은 많다. 그들은 모두 무언가 결과를 내기 위해서는 모든 상황에 대처할 수 있어야 한다는 것을 망각하고 있다. 어떤 일이라도 도망쳐서는 안 된다. 특정 종류의 상황과, 특정 종류의 사람을 피하게 되면 자신에게만 적용되는 변명으로 정당화하는 수밖에 없을 것이다. 바르게 발달하기 위해서는 온갖 타입의 사람과 교류하며 사회의 상식을 익혀야 할 필요가 있다.

예를 들어 철학자라면 언제나 사람들과 함께 식사를 하다 보면 큰 성과를 올릴 수 없을 것이다. 자신의 머리로 생각하기 위해서는 혼자 있는 시간이 많이 필요한 것이다. 그렇다고는 하지만 성장하기 위해서는 사회와의 접점도 포기할 수는 없다. 다시 말해 철학자 타입의 사람이 상대일 때는 고독과 사회와의 접점이라는 두 가지 요구를 이해할 필요가 있다는 것이다. 또한 사회에도 유익하기도 하고 유익하기도 할 수 있다는 것도 이해하고, 유익한 태도와 무익한 태도의 차이를 주의 깊게 구분하지 않으면 안 된다.

'격려'가
열등감을
바꾼다

인간과 사회의 관계를 이해하는 열쇠는, 사람은 항상 자신의 우수성을 발휘할 수 있는 상황을 추구하고 있다는 것이다. 때문에 커다란 열등감을 갖고 있는 아이는 자기보다 강한 아이를 멀리하고 자신이 우위에 설 수 있는 약한 아이들과만 놀려 한다. 자신의 열등감을 이렇게 표현하는 것은 이상하고 병적인 행위라 여겨진다. 여기서 중요한 것은 열등감 그 자체가 아니라 열등감의 정도와 그 성질이 문제이다.

이러한 이상한 열등감은 '열등 콤플렉스'라 불리고 있다. 그러나 이런 열등감은 모든 인격에 영향을 끼치고 있기 때문에 '콤플렉스'라는 이름은 옳지 않을 것이다. 단순한 콤플렉스가 아니라 오히려 거의 병이고, 어떤 증상이 나타날지는 상황에 따라 다르다. 때문에 비록 열등 콤플렉스가 있는 사람이라도 자신의 일에 자신감을 갖고 있다면 일 속에서 그 사람의 이상을 발견할 수는 없을 것이다. 그 인물은 어쩌면 사교의 장과 이성과의 만남에 자신감이 없는 것일지도 모른다. 그러한 상황을 관찰해보면 그 사람이 품고 있는 마음의 문제를 꿰뚫어볼 수 있다.

사람은 긴장하거나 어려운 상황에 직면하면 실패가 늘어난다. 그것은 긴장과 어려운 상황이 계기가 되어 인격의 원형이 겉으로 드러난 결과이고, 어려운 상황은 거의 예외 없이 새로운 상황이다. 그렇기 때문에 제1장에서도 다루었듯이 어떤 사람이 어느 정도의 공동체 감각이 있는가 하는 것은 새로운 상황에 직면했을 때 알 수 있다.

새로운 학교에 입학한 아이를 관찰하면 그 아이의 평소 생활 속에서의 공동체 감각을 알 수 있다. 그 아이는 새 친구와 사이좋게 지낼 수 있을까? 아니면 자신의 껍질 속에 숨어 버릴까? 과도하게 적극적이고 교활한 아이가 있다면, 그것은 그 아이의 인격 원형이 원인이다. 그리고 소극적인 아이라면 어른이 되어서도 사교생활, 인생, 결혼 등에서도 똑같이 소극적인 태도를 취할 것이다.

사람은 흔히 '저 방법으로 할까.' '이 일을 할까.' '저 사람에게 한 마디 해주고 싶은데…, 하지만…!' 이라고 말하곤 한다. 이렇게 말만 하고 아무것도 하지 않는 것은 큰 열등감을 갖고 있다는 증거이고, 그렇게 생각한다면 예를 들어 '방황'이라는 감정이 새로운 각도에서 이해할 수 있다. 방황이 있는 사람은 대부분 언제까지나 우물쭈물하면서 계속 아무것도 달성하지 못한다. 그러나 '나는 **은 하지 않는다.' 라고 했을 때, 사람은 대부분 말 그대로 행동한다.

심리학자라면 대상을 똑바로 관찰하기만 한다면 그 사람의 내면에 잠재된 모순을 발견할 수 있다. 그 모순은 어쩌면 열등감의 표출일지도 모른다. 그러나 내면뿐만이 아니라 겉으로 드러난 태도를 관찰하는 것도 중요하다. 대인관계에서 문제가 있다면 사람을 대하는 태도와 보디랭귀지에도 주목할 필요가 있다. 대인관계에서 쭈뼛거리는 태도를 취하는 사람은 인생의 다른 상황에서도 마찬가지로 쭈뼛거리는 경우가 많다. 주저하는 듯한 행동은 큰 열등감을 갖고 있다는 사인이다.

우리 심리학자의 일은 그 사람이 쭈뼛거리는 태도를 버릴 수 있도록 훈련하는 것이다. 여기서 올바른 방법은 '격려'로 결코 용기를 꺾는 것이 아니다. 자신은 어려운 상황에 대처할 수 있다, 인생의 문제를 해결할 수 있다는 자신감을 갖게 하는 것이 중요하다. 이것이 자신감을 키워주는 유일한 방법이자 열등감에 대처하는 가장 좋은 방법이다.

3장

우등 콤플렉스란
무엇인가

우월 콤플렉스를 품고 있어 이기적
이고 거만한 아이는 예외 없이 인
생의 무익한 측면을 향하게 된다.

Life's most persistent and urgent question is: What are you doing for others?
인생에서 가장 영속적이고 긴급한 질문은
'당신은 지금 남을 위해 무엇을 하고 있는가?' 이다.

Martin Luther King, Jr(미국의 목사, 시민 운동의 지도자)

'열등'과
'우등'은
동전의 양면

앞 장에서는 열등 콤플렉스란 무엇인지, 그리고 누구에게나 있는 열등감과 이 열등 콤플렉스의 관계에 대해 살펴봤다. 이 장에서는 반대 감정인 '우월 콤플렉스'에 대해 살펴보자.

앞에서도 말했듯이 인생의 징후는 모두 행동의 형태, 진행하고 있는 형태로 표현된다. 그리고 징후에는 과거와 미래가 있다는 표현도 가능할 것이다. 개인의 노력과 목적이 미래에 해당하고, 극복하고 싶은 약점 등이 과거에 해당한다. 때문에 열등 콤플렉스 분석에서는 계기와 원인을 찾는 것이 중요하고, 우월 콤플렉스의 경우에는 연속성(행동의 진척)이 열쇠를 쥐게 된다. 거기에 더해 이 두 가지 콤플렉스는 서로 연결돼 있다. 그러므로 열등 콤플렉스를 찾는 것, 그 속에 잠재돼 있는 우월 콤플렉스를 찾을 수 있는 경우도 자주 있다. 그 반대도 마찬가지로 우월 콤플렉스의 연속성을 분석하면 거기에 감춰진 열등 콤플렉스를 찾을 수 있게 된다.

물론 여기서 주의해야 하는 것은 '열등'과 '우월'에 붙여진 '콤플렉스'라고 하는 말은 열등감과 우월을 추구하는 마음이 지나치게 강하다는 것을 보여주는 것이 불과하다는 것이다. 그렇게 생각하면 '열등 콤플렉스'와 '우등 콤플렉스'라고 하는 언뜻 보기에 모순된 두 가지 경향이 같은 한 인간 속에 존재한다는 것도 이해할 수 있을 것이다. 일반적으로 생각한다면 우월을 추구하는 것, 열등감을 갖는 것이 서로 보완하는 관계라는 것은 분명하다. 현재의 상태에 불만이 없다면 더 높은 곳을 지향하고 싶은 마음이 들지 않을 것이다. 흔히 말하는 '콤플렉스'가 보통의 감정에서 비롯되는 한 감정 속에 모순이 존재하지 않는 것과 마찬가지로 두 가지 콤플렉스도 모순되지 않는다.

약하기 때문에
강해지고 싶다

　우월을 추구하는 마음은 절대로 사라지지 않는다. 오히려 그것이 인간의 심리를 구성하고 있다고 해도 좋을 것이다. 앞에서도 살펴봤듯이 인생이란 어떤 목적, 또는 어떤 형태를 달성하는 것에 있고 우월을 추구하는 마음이 있기 때문에 달성을 향해 행동을 일으킬 수도 있다. 우월을 추구하는 마음은 주변에 있는 것을 모두 흡입하면서 흘러가는 것과 같다. 태만한 성격에 거의 움직이지 않고 아무런 흥미도 없는 아이는 분명 언뜻 보기에는 그냥 꼼짝하지 않고 있을 것이다. 그렇다고 해서 그런 아이의 마음속에 우월을 추구하는 기분이 존재하지 않는 것은 아니다. 본인은 "만약 내가 게으름뱅이가 아니라면 대통령이 될 수 있을 거야."라고 생각하기도 한다. 이 상태는 쉽게 말하자면 '조건부 향상심'이다. 자신을 매우 높이 평가하고 있어 자신이 사회에 도움이 되는 훌륭한 인물이 될 수 있다고 생각하고 있다. 단, '만약 ~라면!' 이라는 조건이 붙을 뿐이다. 물론 이것은 그저 환영에 불과하다. 그러나 누구나 한 번쯤은 경험한 적이 있는 것처럼 인간이라는 존재는 환상만으로도 만족할 수 있는 경우가 자주 있다. 특히 용기가 부족한 사람은 이런 경향이 강하다. 비록 환상 속 자신이라도 그걸로 충분히 만족하고 있다. 자신이 약하다는 것을 자각하고 있기 때문에 빠져나갈 구멍을 만들어 곤란으로부터 도망치려 한다. 그리고 싸움을 피함으로써 실제보다 강하고 현명한 환상 속 자신을 만들어내는 것이다.

예를 들어 우월감이 과도한 아이는 도둑질을 하는 경우가 있다. 자신의 도둑질이 절대 들키지 않을 것이라고 믿기 때문이다. 다시 말해 자신은 노력하지 않아도 부자가 될 수 있다는 것이다. 자신은 위대한 영웅이라고 착각하고 있는 범죄자에게서도 같은 경향을 엿볼 수 있다.

이미 살펴봤듯이 인간은 자기 맘대로 착각하면서 자신만의 논리를 만들어내는 경우가 있다. 그 논리는 사회의 상식과는 전혀 다르다. 살인자가 자신을 영웅이라고 믿는다면 그것은 대단한 착각이다. 용기가 없기 때문에 인생의 문제와 정면으로 마주하지 않고 도망칠 구멍을 찾는 것이다. 이렇게 생각해 보면 범죄는 우월 콤플렉스에서 비롯된다는 것을 쉽게 알 수 있다. 범죄자라고 해서 그 사람의 근본적인 성질이 '악' 이라는 것은 아니다.

신경증 환자에게서도 같은 경향을 엿볼 수 있다. 예를 들어 밤에 불면증에 시달리면 다음 날까지 피로가 풀리지 않아 일을 제대로 할 수 없을 것이다. 그래서 그는 자신이 일을 제대로 할 수 없는 것이 불면증 때문이고 원래는 훨씬 더 잘할 수 있다고 생각한다. "잠만 푹 잤다면 다 할 수 있는 일인데!"라고 그는 말한다.

또한 불안증상에 시달리는 우울증 환자도 마찬가지다. 그들은 자신의 불안을 이용하여 타인을 지배하려 한다. 혼자 있으면 불안하다며 항상 누군가와 함께 있으려 하기 때문이다. 우울병 환자 주변 사람은 언제나 환자를 배려하면서 자신의 삶을 살아야만 한다.

정신병 환자 또한 언제나 가족의 관심을 혼자 차지하고 있다. 그들의 경우에는 열등 콤플렉스를 자신의 힘으로 만들어버린 것이다. 기분이 좋지 않다, 체중이 줄었다는 등, 나약한 소리를 하지만 실제로는 가족 중에서 가장 힘이 센 존재다. 병을 이용하여 건강한 사람들을 지배하고 있다. 하지만 이 사실은 그다지 놀라운 일은 아닐 것이다. 우리의 문화 속에서는 약함은 큰 힘을 가질 수 있다(실제로 이 사회에서 가장 강한 존재가 누군지 묻는다면, 그 대답은 '갓난아기'일 것이다. 갓난아기의 권력은 절대적이고 누구의 지배도 받지 않는다.).

자기 마음의
나약함을 이용하여
타인에게 의존한다

여기서 우월 콤플렉스와 열등감의 관계에 대해 한 번 생각해 보자. 예를 들어 우월 콤플렉스가 있는 문제아가 있다고 하자. 제멋대로에 거만하고 난폭한 아이다. 언제나 자신을 실제보다 과장되게 보이려 한다. 누구나 잘 알다시피 화를 잘 내는 아이는 갑자기 공격함으로써 타인을 지배하려 한다. 그들은 왜 그렇게 쉽게 화를 내는 걸까? 그것은 자신의 강인함에 자신이 없고 목적을 달성할 만한 힘이 있는지 확신이 없기 때문이다. 그들은 열등감을 품고 있다. 난폭한 아이는 거의 예외 없이 열등 콤플렉스가 잠재돼 있고, 그것을 극복하고 싶어 하고 있다. 그것은 마치 발꿈치를 들고 서서 자신을 크게 보이려고 하는 것이다. 간단한 방법으로 성공, 자존심, 우월함을 손에 넣으려 하고 있다.

이런 아이에게 어떤 치료를 하는 것이 좋을까? 그들의 눈에는 인생의 수미일관성이 보이지 않는다. 모든 것의 자연스러운 질서를 알지 못한다. 그렇다고 해서 그들을 비난하는 것은 잘못이다. 정면으로 문제를 지적하면, 그들은 틀림없이 자신의 열등감을 부정하고 오히려 자신이 뛰어나다고 주장할 것이다. 여기서 중요한 것은 부드러운 태도로 이쪽의 생각을 설명하여 조금씩 이해시키는 것이다.

사람이 자만하는 것은 열등감을 품고 있기 때문이다. 인생의 유익한 측면에서 타인과 대등하게 경쟁할 수 없기 때문이다. 그러므로 무익한 방법만을 활용하게 된다. 사회와 조화를 이룰 수 없는 상태로 그것을 해결하는 방법도 알지 못한다. 그런 아이는 대부분 부모와 교사와의 사이에서 문제를 일으키게 된다. 그럴 경우 본인에게 제대로 설명해 주고 문제의 원인을 이해시켜주지 않으면 안 된다.

신경증 환자 또한 열등 콤플렉스와 우월 콤플렉스 둘 모두를 갖고 있다. 일반적으로 신경증 환자는 우월 콤플렉스만을 겉으로 드러내기 때문에 자신에게 열등 콤플렉스가 있다는 것을 깨닫지 못한다. 한 강박증 환자의 사례를 예로 보면 이것을 정확하게 알 수 있다. 그 환자는 소녀로 사이가 좋은 언니가 있었는데, 언니가 더 귀엽고 성실한 아이였다. 이 사실은 매우 큰 의미가 있다. 왜냐하면 가족 중에서 우열이 나눠지면 열등한 쪽이 항상 괴로움을 당하기 때문이다. 뛰어난 존재가 아버지이든 아이든 어머니든 간에 이 사실은 변함이 없다. 가족 중에서 '열등한 쪽'에 들어가는 사람에게 이것은 매우 힘든 상황이다. 때로는 견딜 수 없다고 느끼는 경우도 있다.

열등한 쪽으로 분류된 아이는 예외 없이 열등 콤플렉스가 있고, 우월 콤플렉스를 향해 노력하게 된다. 그들의 관심이 자신뿐만이 아니라 타인을 향하고 있다면 머지않아 인생의 문제도 확실하게 해결될 것이다. 그러나 열등 콤플렉스가 지나치면 세계가 모두 적이라고 단정해 버린다. 그로 인해 타인을 위해서가 아니라 자신의 이익만을 추구하게 돼 적절한 공동체 감각을 익힐 수 없디. 사회에 대한 그릇된 감정을 가지게 되고, 그로 인해 사회성을 익혀야 하는 과제를 달성하지 못한다. 그리고 문제로부터 도망치기 위해 무익한 행동을 취하게 된다. 물론 이것은 진정한 해결책이 아니지만, 그들은 문제를 해결하기보다는 남에게 의존하는 삶의 방식을 선택하고 만다. 그들은 거지와 마찬가지다. 자신의 나약한 마음을 이용해 타인에게 의존하고 있다.

왜
'마법을 쓸 수 있다.'고
믿었는가

인간은 아무래도 아이든 어른이든 자신이 약하다고 느끼면 사회에 대한 관심을 잃고 단지 우월함을 추구하는 것 같다. 자신이 우위에 섬으로써 인생의 문제를 해결하려 한다. 공동체 감각을 잃지 않는다면 우월함을 추구하는 것에 아무런 문제도 없다. 이것은 유익한 태도이자 좋은 결과를 낼 수도 있을 것이다. 한편, 공동체 감각이 없는 사람은 인생의 문제를 해결하지 못한다. 이미 살펴본 것처럼 문제아, 정신병 환자, 범죄자, 자살자 등이 이 공동체 감각이 없는 사람의 카테고리에 포함된다.

앞에서 말했던 소녀의 이야기로 돌아가 보자. 언니와 비교해서 열등 감을 가졌던 소녀는 세상은 모두 적이라는 생각으로 자랐기 때문에 주눅이 든 상태이다. 그녀가 공동체 감각을 가지고 열등 콤플렉스의 구조를 제대로 이해했더라면 언니와는 다른 방향으로 재능을 펼쳤을지도 모른다. 실제로 그녀는 음악 공부를 시작했지만 언니에 대한 열등감으로 괴로워하면 스스로 자신감을 가질 수 없었기 때문에 재능을 키울 수 없었다. 20살이 되었을 때, 언니가 결혼하자 그녀도 언니에 뒤지지 않을 결혼 상대를 찾게 된다. 이렇게 해서 그녀는 더 깊은 수렁에 빠지며 건전하고 유익한 인생과는 점점 더 거리가 멀어졌다. 그리고 자신이 마녀고 사람을 지옥으로 보내는 마법을 쓸 수 있다고 믿게 되었다.

이 '마법을 쓸 수 있다.' 라는 감각은 그야말로 우월 콤플렉스지만, 정작 본인은 그렇게 여기지 않고 불평만 늘어놓는다. 그것은 마치 부자가 부자인 것을 한탄하는 것과 같다. 그녀는 사람을 지옥에 떨어뜨릴 힘이 있다고 믿는 것에 그치지 않고 가끔은 그 사람들을 구원해 줄 수도 있으며 또한 구원해 주지 않으면 안 된다고 여기고 있다. 물론 이것은 그저 환상에 불과하지만, 그녀는 이 환상을 이용해서 자신이 언니보다 뛰어나다고 착각을 하고 있었다. 그녀가 언니에게 이기는 길은 환상의 세계뿐이다. 때문에 그녀는 마법을 쓸 수 있는 자신을 탄식하였다. 진심으로 한탄할수록 환상이 현실로 이루어지는 것 같았기 때문이다. 만약 그녀가 장난이라고 여기면 마법의 현실감도 사라져 버리는 것이다. 다시 말해 그녀는 자신의 마법을 한탄하는 것 말고는 스스로에게 만족할 수가 없었다. 이 여성의 우월 콤플렉스는 겉으로는 보이지 않지만 틀림없이 존재하고 열등 콤플렉스를 채워주는 역할을 하고 있다.

다음으로 그녀의 언니를 살펴보자. 언니는 가족들에게 인기가 있었고, 동생이 태어나기 전까지는 외동딸로 귀여움을 독차지하며 자랐다. 그리고 3살 때 동생이 태어나자 상황은 완전히 바뀌었다. 그전까지는 항상 부모님의 관심을 독차지했지만 갑자기 그 지위를 빼앗기고 말았다.

그 결과 언니는 자기주장이 강한 아이가 되었다. 그러나 그녀가 싸우는 것은 상대가 자신보다 약할 때뿐이었다. 싸움을 좋아하는 아이는 진정한 용기가 있는 것이 아니다. 단지 자신보다 약한 아이를 상대로 하고 있을 뿐이다. 주변이 자신보다 강하면 그 아이는 강한 태도를 취하지 않고 그저 불쾌해하며 응석을 부리거나 토라져버릴 것이다. 그리고 그 덕분에 가족 속에서 입장도 약해진다.

그런 상태에 처한 언니는 더 이상 이전처럼 사랑을 받지 못하고 있고 부모의 태도가 그 증거라고 생각한다. 그녀에게 가장 나쁜 것은 어머니다. 왜냐하면 어머니가 동생을 이 세상으로 데려왔기 때문이다. 때문에 언니는 엄마를 공격하게 된다.

한편, 갓난아기인 동생은 곁에서 항상 돌봐줘야 하는 존재이고, 때문에 가족 속에서 우위에 서게 된다. 아무것도 하지 않아도 가족의 중심이 될 수 있기 때문에 굳이 자기주장을 하지 않아도 되고 누군가와 경쟁할 필요도 엇다. 갓난아기는 부드럽고 귀여운 존재로 가족의 사랑을 온몸으로 받고 있다. 그리고 때로는 복종이라는 미덕이 모든 것을 정복하는 일도 있는 것 같다!

어리광쟁이
아이의 우월감

이제 여기서는 갓난아기처럼 돌봐주고 싶은 존재가 되는 것이 인생에서 유익한 태도인지 아닌지를 살펴보자. 그 아이가 말을 잘 듣고 귀여운 성격으로 자란 것은 갓난아기 때 애정을 한 몸에 받았기 때문일지도 모른다. 그러나 우리 사회는 어리광쟁이 아이를 엄격한 시선으로 바라본다. 때로는 아버지가 문제점을 깨닫고 어리광을 받아주지 않으려 한다. 또는 학교가 개입을 하는 경우도 있다. 이렇게 어리광쟁이 아이는 항상 지위를 위협받고 있기 때문에 열등감을 갖게 된다. 어리광쟁이 아이의 지위에 전혀 문제가 없을 때는 이 열등감이 겉으로 드러나지 않는다. 그러나 한 번 지위가 흔들리게 되면 풀이 죽어 우울한 상태가 되거나 우월 콤플렉스를 갖게 되곤 한다.

우월 콤플렉스와 열등 콤플렉스에는 한 가지 공통점이 있다. 그것은 언제나 인생에 있어서 무익한 태도라는 것이다. 우월 콤플렉스를 품고 있어 이기적이고 거만한 아이는 예외 없이 인생의 무익한 측면을 향하게 된다.

어리광쟁이 아이가 학교에 들어가면 주변 사람들이 떠받들어 주지 않는다는 경험을 한다. 그러면 그들은 자신에게 자신감을 갖지 못해 쭈뼛거리게 돼 인생에서 아무것도 달성할 수 없게 된다. 예를 들어 앞에서 말했던 여동생이 그렇다. 그녀는 재봉이나 피아노 등, 여러 가지 것을 시작하지만 모두 금방 그만두고 말았다. 그와 동시에 사회에 대한 흥미를 잃고 집밖으로 나가기를 꺼려하며 항상 풀이 죽어 있는 상태였다. 자신이 늘 인기가 많은 언니의 그림자에 가려져 있다고 느꼈다. 이런 부정적 사고의 성격 탓에 인격이 더욱 약해지고 말았다.

이 경향은 어른이 돼서도 계속되었고 자신의 일에서도 아무것도 달성할 수 없었다. 연애와 결혼에서도 언니에게 이기고 싶은 욕심이 있었지만 소극적인 성격 탓에 적극적인 행동을 하지 못했다. 그리고 30살이 되었을 때 결핵을 앓고 있는 남성과 만났다. 당연히 부모님은 그 교제를 반대했다. 그녀는 아무런 행동도 하지 못했고 부모의 강력한 행동으로 두 사람은 결혼을 하지 못했다. 그리고 1년 뒤에 그녀는 35살이나 많은 남성과 결혼했다. 이렇게 나이가 많은 남성은 더 이상 '남자' 라고 볼 수 없기 때문에 이 결혼은 인생에 있어서 무익한 행동이다. 열등 콤플렉스를 갖고 있는 사람들 중 많은 사람이 이 여동생처럼 자신보다 상당히 나이가 많은 사람, 또는 기혼자 등의 결혼할 수 없는 사람을 상대로 선택하곤 한다. 어떤 종류의 '장해' 가 있는 결혼을 원하는 것은 두려움의 표출이다. 결혼에 자신감이 없기 때문에 다른 방법으로 우월 콤플렉스를 손에 넣으려 하는 것이다.

그녀는 또한 이 세상에서 가장 소중한 것이 의무를 다하는 것이라고 믿었다. 그리고 항상 몸을 청결하게 유지했다. 만약 사람이나 사물과 접촉을 하면 당장에 씻어야 했다. 그녀는 그렇게 함으로써 자신을 완전히 고립시켰다. 그런데 실제로는 그녀 자신의 손도 많이 더러워지고 말았다. 너무 자주 손을 씻어 피부가 거칠어졌고, 때문에 오염이 쉬워진 것이다.

이 여동생의 태도는 모두 열등 콤플렉스에서 비롯된 것처럼 보이지만, 본인은 정반대이다. 자신이야말로 세상에서 가장 청결한 사람이고, 자신만큼 몸을 씻지 않는 사람들을 '불결' 하다고 경멸하였다. 다시 말해 그녀는 자신의 역할을 팬터마임으로 연기하고 있었던 것이다. 그녀는 항상 우위에 서고 싶어 했기 때문에 환상의 세계 속에서 그것을 실현시켜 왔다. 그녀는 세계에서 가장 청결한 사람이다. 다시 말해 그녀 속에서 열등 콤플렉스가 우월 콤플렉스로 바뀌었고, 그것이 알기 쉬운 형태로 겉으로 드러난 것이다.

'열등'의 현실에서
'우월'의 망상으로

과대망상증 환자도 마찬가지다. 과대망상이란 자신이 예수 그리스도라고 믿거나 황제라고 믿는 것이다. 이 또한 인생에 있어서 무익한 태도로 본인은 망상의 세계가 현실이라고 믿고 있다. 그들은 인생에서 고립돼 있다. 그리고 과거를 거슬러 올라가보면 열등감 때문에 우월 콤플렉스를 갖게 된 것을 알 수 있다.

여기서 15살 소년의 예를 살펴보자. 그는 망상 증상 때문에 정신병원에 입원했다. 당시는 아직 전쟁 전이었지만, 소년은 오스트리아 황제가 죽었다고 착각하고 있었다. 죽었다는 그 황제가 꿈에 나타나 오스트리아 군대를 이끌고 적을 물리치라고 자신에게 명령했다고 한다. 아직 15살에 왜소한 소년이었는데! 소년에게 신문을 보여주고 황제가 궁에 있다는 기사와 황제가 드라이브를 갔다는 기사를 보여주어도 소년은 완강하게 현실을 받아들이지 않았다. 황제가 죽어 자신의 꿈에 나타났다고 완전히 믿고 있었다.

그 당시 개인 심리학은 잠잘 때의 자세를 통해 열등감과 우월감을 읽어낼 수 있는가 하는 연구가 이뤄지고 있었다. 어쩌면 그러한 정보 속에는 어떤 힌트가 감춰져 있을지도 모른다. 예를 들어 고슴도치처럼 몸을 웅크린 채 머리까지 이불을 뒤집어쓰고 잠을 자는 사람이 있다. 이 자세로 알 수 있는 것은 그 사람이 열등 콤플렉스를 갖고 있다는 것이다. 용감한 사람이 그런 자세로 잠을 자겠는가? 역으로 몸을 쭉 펴고 잠을 잔다면 인생에서도 나약함이나 삐뚤어진 곳이 없다고 생각할 수 있다. 분명 잠을 자는 자세와 마찬가지로 문자 그대로의 의미나 비유적인 의미에서도 곧은 삶을 살고 있을 것이다. 또한 엎드려 자는 사람은 완고하고 성미가 급하다고 할 수 있을 것이다.

그래서 우리는 이 소년의 자는 모습을 관찰하고 깨어 있을 때의 태도와의 연관성을 살펴보기로 했다. 소년은 잠을 잘 때 팔을 가슴에 모아 팔짱을 끼었다. 그림 속 나폴레옹과 같은 자세였다. 그리고 다음 날 소년에게 "팔짱을 잘 끼는 사람을 알고 있니?"라고 묻자, "네, 그런 선생님이 계십니다."라는 대답이 돌아왔다. 선생님이란 대답은 이외였지만 그 선생님이 나폴레옹과 많이 닮아 있다는 것을 알 수 있었다. 게다가 소년은 그 선생님을 좋아했고 자신도 그 선생님처럼 되고 싶다고 생각하고 있었다. 그러나 금전적 문제 때문에 충분한 교육을 받지 못했고, 소년은 집안 살림을 돕기 위해 레스토랑에서 일을 하게 되었다. 단골손님들은 평균보다 작은 소년의 키를 항상 놀리곤 했다. 소년은 이 상황을 견디기 힘들어 굴욕으로부터 도망치고 싶었다. 그러나 이 상황에서 인생의 무익한 측면으로 도망치고 말았다.

　이것으로 소년이 망상을 품게 된 원인을 알 수 있을 것이다. 소년은 키가 작았고, 그로 인해 레스토랑의 단골손님들에게 놀림을 받았기 때문에 열등 콤플렉스를 갖게 되었다. 그러나 동시에 항상 우월감도 추구하고 있었다. 선생님이 되고 싶다는 꿈이 있었다. 그러나 이것은 이루어질 수 없는 꿈이기 때문에 인생의 무익한 측면으로 도망침으로써 우월성을 달성하려 했다. 잠과 꿈의 세계 속에서 우월한 존재가 된 것이다.

'열등'과 '우등'의 연결고리를 찾자

지금까지 살펴본 것처럼 우월하고 싶다는 목표는 인생의 유익한 측면으로 이어지기도 하고, 무익한 측면으로 이어지기도 한다. 예를 들어 본인에게 무언가 선행을 하고 싶다는 마음이 있다면 두 가지 가능성을 생각할 수 있다. 사회에 잘 적응해 정말로 타인을 위해 살고 싶다고 생각하고 있는지, 아니면 그저 자만을 하고 싶은 것인지 둘 중 하나이다. 심리학자는 그저 자만을 하고 싶어 하는 사람을 많이 봐왔다. 예를 들어 한 소년은 학교 성적이 좋지 않은 문제아로 결석을 자주 하거나 도둑질도 하였지만 항상 하는 소리는 대단했다. 그가 그렇게 된 것은 열등 콤플렉스가 원인이다. 무언가를 달성하고 싶다는 마음이 있고, 때문에 '허세를 부리는' 식의 간단한 길을 선택한 것이다. 그는 돈을 훔쳐 매춘부에게 꽃과 선물을 하였다. 또한 먼 곳의 작은 마을까지 차를 타고 가서 6두 마차를 요구한 적도 있다. 그는 마차를 타고 거리를 돌다가 결국 체포되고 말았다. 이러한 태도에서 '타인보다 우위에 서고 싶다.'고 하는 욕구를 읽을 수 있다. 사람 위에 서는 것뿐만이 아니라 자신을 실제 이상으로 크게 보이려 한 것이다.

범죄자에게서도 비슷한 경향을 엿볼 수 있다. 범죄자 또한 간단한 방법으로 무언가를 달성하고자 하는 것이다. 얼마 전 뉴욕 신문에 학교 선생님의 집에 침입한 강도 기사가 실렸다. 강도는 집안의 여성들을 상대로 제대로 된 직업으로는 돈을 벌 수 없기 때문에 강도가 되는 편이 훨씬 낫다고 했다고 한다. 이 강도 또한 무익한 측면으로 도망쳤다고 할 수 있을 것이다. 그러나 그 과정에서 어떤 우월 콤플렉스도 갖게 되었다. 그는 여성들을 앞에 두고 자신이 훨씬 강하다고 느꼈다. 자신은 무기를 갖고 있고 상대는 갖고 있지 않기 때문에 더욱 그렇게 느꼈다. 그러나 사실 그는 겁쟁이다. 열등 콤플렉스에서 도망치기 위해 인생의 무익한 측면을 선택했기 때문이다. 그러나 본인은 영웅이라 생각하며 자신이 겁쟁이라고는 생각하지 않았다.

또한 인생의 역경으로부터 도망치기 위해 자살이라는 길을 선택하는 사람도 있다. 삶에 집착하지 않으면서도 우월감을 갖고 있지만 그들 또한 사실은 겁쟁이다. 이러한 예를 보면 우월 콤플렉스는 제2단계라는 것을 알 수 있을 것이다. 먼저 열등 콤플렉스가 있고 그것을 채우기 위해 우월 콤플렉스가 생겨난다. 심리학자는 이 두 가지 유기적인 연결고리를 결코 놓쳐서는 안 된다. 언뜻 보기에 모순처럼 보이지만, 양쪽 모두 인간에게 있어 자연스러운 감정이다. 이 연결고리를 발견했다면 열등 콤플렉스와 우월 콤플렉스 양쪽 다 치료를 할 수 있다.

열등 콤플렉스와 우월 콤플렉스에 대하여 또 한 가지 말해두어야 할 것이 있다. 그것은 정상적인 사람과 이들 콤플렉스의 관계다. 이미 말했던 것처럼 사람은 누구나 열등감을 가지고 있다. 열등감 그 자체는 병이 아니다. 오히려 건선한 향상심으로 이어지는 동기가 될 것이다. 열등감이 병적으로 되는 것은 무력감이 너무나 커 향상심을 억눌러버릴 때뿐이다. 사람은 무력감에 압도당하면 주눅이 들어 성장할 수 없게 된다. 그리고 우월 콤플렉스는 열등 콤플렉스를 갖고 있는 사람에게 있어서는 고통스러운 현실로부터 도망치기 위한 수단이 된다. '나는 열등하다.' 는 현실을 받아들일 수 없어 '나는 뛰어나다.' 는 환상 속으로 도망치고 있다. 정상적인 사람은 우월 콤플렉스를 갖지 않는다. 우월감조차 갖지 않는다. 정상적인 사람은 성공하고 싶다는 향상심을 갖고 실제로 자신의 일에서 성공을 달성하려고 한다. 그들은 자신을 제대로 평가한다. 그리고 정신병의 근원에는 현실에서 벗어난 자기평가가 있다.

4장

라이프
스타일

심리학 중에는 반대 의견을 가진
학파도 있는데, 그들은 본인이 잊
고 있는 기억이야말로 가장 중요하
다고 한다.

The secret to life is meaningless unless you discover it yourself.
인생의 비결은 스스로 발견하지 않으면 의미가 없다.
William Somerset Maugham(영국의 극작가, 소설가)

각각의
독자성

계곡에서 자란 소나무와 산 정상에서 자란 소나무는 성장 방식이 다르다. 같은 종류의 소나무라도 라이프스타일은 완전히 다르다. 계곡의 소나무에는 계곡의 소나무 스타일이 있고 산 정상의 소나무에는 산 정상의 소나무 스타일이 있다.

여기서 말하는 '라이프스타일'이란 각각의 독자성을 말한다. 독자성은 환경 속에서 형성되고 환경 속에서 표현된다. 그러나 설령 같은 환경이라도 라이프스타일은 개체에 따라 제각각이다. 다시 말해 어떤 라이프스타일이 될지는 환경에 따라 유기적으로 결정되는 것은 아니다.

이것은 인간에게도 해당된다. 특정한 환경 속에서 형성된 라이프스타일이 있다면 우리 심리학자가 해야 할 일은 현재의 상태와 그 라이프스타일 사이에 어떤 관계가 있는지 면밀하게 분석하는 것이다. 왜냐하면 환경의 변화에 따라 심리 상태도 변하기 때문이다. 바람직한 상황에서 살고 있는 사람은 라이프스타일이 겉으로 드러나지는 않는다. 그러나 곤란에 직면하게 되면 그 사람의 라이프스타일이 또렷하게 드러나게 된다. 우수한 심리학자라면 바람직한 상황 하에 있는 사람의 라이프스타일을 꿰뚫어 볼 수 있을지도 모르지만, 어려운 상황에 처한 사람의 라이프스타일은 일반 사람의 눈에도 명확해진다.

인생이란 단순한 게임이 아니므로 곤란은 빠질 수 없는 일이다. 살다 보면 항상 무언가 문제가 일어날 것이다. 우리 심리학자는 그런 곤란에 직면한 사람들을 관찰하고 그 사람 독자의 행동양식과 성격을 꿰뚫어 보려고 한다. 앞에서도 말했듯이 라이프스타일은 그 사람의 전체상이다. 유소년기에 경험한 곤란에서 비롯돼 그 사람 독자의 목표를 지향하는 노력을 통해 형성된다.

그러나 우리가 흥미를 갖고 있는 것은 그 사람의 과거가 아니라 미래이다. 그리고 어떤 사람의 미래를 이해하기 위해서는 그 사람의 라이프스타일을 이해하지 않으면 안 된다. 설령 선천적 성질과 충동을 이해하고 있다고 하더라도 미래에 일어날 일은 예측할 수 없다. 심리학자 중에는 환자의 트라우마와 선천적 경향을 통해 예측하려 하는 사람도 있지만, 엄밀하게 분석한다면 그런 요소들의 배경에는 일관된 라이프스타일이 존재한다는 것을 알 수 있다.

다시 말해 어떤 자극이라 할지라도 그 목적은 현재의 라이프스타일을 보존하고 수복하는 것이다.

열등감에서
라이프스타일로

그렇다면 라이프스타일이라고 하는 것은 앞 장까지 살펴본 것과 어떤 관계가 있는 것일까? 예를 들어 몸에 어떤 장해를 가지고 태어난 사람은 삶에서 곤란을 경험하기 때문에 열등감과 우등 콤플렉스를 갖기 쉽다는 것은 앞에서 이미 말했다. 인간은 영원히 고통을 견딜 수 없기 때문에 열등감이 자극이 되어 어떤 행동을 하게 된다. 그 결과 그 사람은 자기 나름대로의 목적을 갖게 된다. 개인 심리학에서는 이 '목적을 향한 일관된 행동'을 오랫동안 '라이프 플랜'이라 불렀다. 그러나 이 이름은 오해를 초래하는 일이 많기 때문에 이제는 라이프스타일이라 부르고 있다.

사람에게는 각각의 라이프스타일이 있다. 때문에 대화를 하거나 몇몇 질문에 대한 대답을 듣는 것만으로도 특정인의 장래를 예측할 수도 있다. 그것은 마치 이야기의 최종 장을 펼쳐보고 모든 비밀이 해명되는 것을 읽는 것과 같다. 이렇게 예측을 할 수 있는 것은 인생의 단계와 곤란, 과제 등을 이미 알고 있기 때문이다. 과거의 경험과 지식을 통해, 예를 들어 주위로부터 독립된 아이와 의뢰심이 강한 아이, 응석받이 아이, 소극적인 아이 등의 장래를 예측할 수 있다. 사람에게 의지하는 것을 목적으로 하는 아이에게는 어떤 미래가 기다리고 있을까? 그 아이는 아마도 인생의 과제로부터 계속 도망치는 어른이 될 것이다. 소극적이라 문제를 정면으로 맞서지 않고 언제나 도망을 친다. 어떻게 이것을 장담할 수 있는가 하면, 같은 케이스를 수천 번 봐왔기 때문이다. 그들은 자신의 힘으로 무언가를 하겠다는 마음이 전혀 없고 누군가의 도움을 받으려 하고 있다. 인생의 큰 문제로부터 등을 돌리고 아무래도 좋은 일만을 하며 살아갈 생각이다. 공동체 감각이 없기 때문에 문제아가 되고 결국은 신경증 환자나 범죄자가 되거나 혹은 인생으로부터 도망칠 최후의 수단으로서 자살을 꾀하기도 한다. 연구가 진척된 현재는 이러한 현상이 이전보다 많이 이해되고 있다.

개인 심리학에서는 한 사람의 라이프스타일을 분석할 때 정상적인 라이프스타일을 하나의 기준으로써 활용하고 있다. 사회에 적응한 사람의 라이프스타일을 정상 기준으로 삼고 여기서의 차이에 따라 판단하는 것이다.

'정상'이란
무엇인가

아마도 이 시점에서 '정상'의 의미를 정의하는 것이 좋을 것이다. 정상적인 라이프스타일이란 어떤 것인지를 명확히 하여 정상을 기준으로 한 일탈의 판정 방법에 대해서도 이야기할 것이다. 그러나 그전에 여기서는 타입별 성격 분류를 하지 않는다는 것을 지적해 두고 싶다. 개인 심리학에서는 원래 성격에는 타입이 없다고 여기고 있다. 모든 사람이 각각 독자의 라이프스타일을 갖고 있기 때문이다. 완전히 똑같은 나뭇잎이 두 장 없는 것과 마찬가지로 완전히 똑같은 성질을 가진 사람도 존재하지 않는다. 자연은 매우 풍요롭고 인간의 성질 종류 또한 무한한 가능성이 있다. 모든 것이 완전히 똑같은 두 사람이 존재하는 것은 불가능하다. 때문에 인간을 타입으로 분류하는 것은 단순히 편의적인 수단으로 비슷한 사람을 정리하여 이해하기 쉽게 한 것에 불과하다. 분명 타입별로 나

누는 것이 분석하기 쉬울 것이다. 하지만 항상 같은 분류 기준을 사용하는 일은 없다. 어떤 특정 유사점을 추출하는 데 가장 적절한 기준을 쓰기 위해 배려를 하고 있다. 타입과 분류 기준을 과신하면 어떤 사람을 어떤 타입으로 분류하면 더 이상 그 이외의 가능성을 발견할 수 없게 될 것이다.

예를 들어 설명하자. 예를 들어 사회에 적응할 수 없는 사람을 타입으로 분류한다면 '공동체 감각이 없어 외로운 인생을 보내고 있는 사람.'이라고 정의한다. 이것은 개인을 분류하는 하나의 방법으로 아마도 가장 중요한 방법이기도 할 것이다. 그러나 각각의 개인에게 눈을 돌려 보면 보는 것을 중시하는 사람이 있는가 하면 이야기하는 것을 중시하는 사람도 있다. 두 사람 모두 대략적으로 분류하자면 '사회 부적응'이라는 타입이 되고 타인과의 관계를 구축하는 것이 힘들다는 공통점이 있다. 때문에 편의상의 수단에 불과하다는 것을 이해하지 않고 단순히 타입만으로 분류하면 혼란을 초래할 원인이 되는 것이다.

사회 부적응자의
라이프스타일

  그렇다면 이제 분석의 기준이 되는 '정상' 적인 사람의 이야기로 돌아
가 보자. 정상적인 사람이란 사회에 참가하여 사회에 잘 적응한 덕분에
자신의 일로 어떤 식으로든 사회에 도움이 되고 있는 사람을 말한다. 그
리고 심리학적으로 본다면 충분한 에너지와 용기를 겸비하고 있어 인생
의 곤란과 과제와 맞설 수 있는 사람이라 할 수 있다. 사이코패스라 불리
는 사람은 이 중 어느 자질도 갖추고 있지 않다. 그들은 사회에 적응하지
못한 채 일상의 과제를 처리할 수 있는 정신력도 없다. 여기서 그런 사람
의 실례를 소개하겠다. 그 사람은 30살 남성으로 언제나 인생의 문제로
부터 도망치고 있었다. 한 명의 친구가 있지만 전혀 신뢰하고 있지 않기
때문에 우정이 깊어지지는 않는다. 상대도 또한 둘 사이의 관계에서 긴
장감을 느끼기 때문이다. 이 남성은 이야기 상대는 많을지도 모르지만

진정한 의미에서 친구라 부를 만한 사람은 없다. 사회에 적응하지 못했고 공동체 감각도 희박하다. 원래 그 자신이 사회에 대한 불신감을 갖고 있어 남들과 함께 있더라도 거의 이야기를 하지 않는다. 그 자신은 그 이유를 "별로 할 말이 없기 때문에."라고 말하고 있다.

게다가 이 남성은 내성적이었다. 창백한 얼굴에 이야기할 때는 얼굴을 붉히기도 한다. 단, 내성적이지 않아도 될 상황에서는 대단한 요설을 말하기도 했다. 그가 정말로 필요로 하는 것은 비판이 아니라 이 방향에서 도움을 받는 것이다. 당연히 무언 태세로 들어간 그는 좋은 인상을 주지 못해 주변의 사랑을 받지 못했다. 그 자신도 그것을 느끼고 있었고, 그 결과 더더욱 이야기하는 것이 싫어졌다.

다시 말해 이 남성은 사회에 나와 사람들과 접촉하면 자의식 과잉이 되고 만다. 이것이 그의 라이프스타일이라 할 수 있다.

사교생활과 친구 관계와 함께 업무라는 요소에 대해서도 생각해볼 필요가 있다. 이 남성은 항상 일에 대한 실패를 두려워하며 실패하지 않기 위해 밤낮없이 열중하고 있다. 과로로 인해 과도한 스트레스가 쌓여 있다. 그리고 과도한 스트레스 때문에 직업이라는 인생의 관계의 성공으로부터 도망치고 있다.

이 남성은 사교와 업무 상황에서 항상 과도하게 긴장하고 있다. 이를 통해 그가 큰 열등감을 갖고 있다는 것을 상상할 수 있다. 자신을 과소평가하고 타인과 새로운 상황은 자신의 적이라고 여겼다. 그에게 있어 세계는 자신의 적이었다.

왜 그렇게
됐는지를 알자

이 남성의 라이프스타일을 구체적으로 묘사해 보자. 그는 앞으로 전진하고 싶어 하지만 실패를 두려워하는 나머지 움직이지 못하고 있다. 심연을 앞에 두고 우왕좌왕하고 있는 것과 같다. 항상 스트레스가 쌓여 있고 긴장하고 있다. 조건부로만 앞으로 진전할 수 없고, 가능하다면 계속 집에 있으면서 남들과 상대하고 싶지 않다고 생각하고 있다.

사회 참여, 일을 계속하는 제3과제는 '사랑'이다. 대부분의 사람이 이 사랑 문제에는 고생을 하게 된다. 이 남성은 적극적으로 이성에게 다가갈 수 없었다. 누군가와 사랑을 하고 결혼하고 싶어 하지만 큰 열등감을 갖고 있기 때문에 두려워 실행으로 옮길 수가 없다. 그는 자신의 바람을 실현할 수 없어 모든 태도와 행동의 기반에 "하고 싶다…, 하지만 할 수 없어!"라는 감정이 있다. 그는 좋아하는 여성이 계속해서 바뀌었다.

이것은 물론 신경증 환자에게서 흔히 볼 수 있는 특징이다. 왜냐하면 두 사람과 만나는 것은 한 사람과 사귀는 것보다 가난한 관계이기 때문이다. 동시에 복수의 이성을 만나는 경향이 있는 것도 가난한 관계밖에 하지 않기 때문이라 할 수 있을 것이다.

그럼 이제 이러한 라이프스타일이 되는 이유에 대해 생각해 보자. 개인 심리학은 라이프스타일의 원인을 찾는 분석을 하고 있다. 이 남성의 라이프스타일은 4살부터 5살 사이에 완성되었다. 그 무렵 그의 인생에 무언가 비극이 일어났고, 그것이 인격의 원형으로 형성되게 되었다. 때문에 우리가 할 일은 그 비극을 찾는 것이다. 무언가가 계기가 되어 그는 타인에 대한 건전한 흥미를 잃고 말았다. 그리고 인생이란 고행이고 고행을 하느니 차라리 모든 것으로부터 도망치는 것이 낫다고 믿게 된 것이다. 그는 소심하고 주의 깊게 항상 도망칠 길을 찾았다.

여기서 그가 첫 아들로 태어났다는 것을 지적해 둘 필요가 있을 것이다. 지금까지 살펴봐온 것처럼 형제가 태어나는 순서는 큰 의미를 가지고 있다. 처음 태어난 아이의 가장 큰 문제는 처음에는 가족의 관심을 독차지하였기 때문에 동생이 태어나면 그 지위를 잃게 되는 것이다. 내성적이고 소심한 사람을 분석하면 가까이에 자신보다 사랑받는 사람이 있는 경우가 많다. 이렇게 생각해 볼 때, 이 남성의 문제 원인도 쉽게 알 수 있을 것이다.

환자의 태어난 순서를 아는 것만으로도 해결되는 경우가 많다. 혹은 옛 기억을 들어보는 완전히 다른 방법도 이용할 수 있다(옛 기억에 대해서는 다음 장에서 자세히 살펴보기로 하자). 이 방법이 효과적인 것은 유소년기의 기억이 초기 라이프스타일을 형성하는 기반이 되기 때문이다.

그리고 이 초기 라이프스타일을 우리는 인격의 원형이라 부르고 있다. 누군가의 인격 원형을 알고 싶다면 그 사람의 유소년기 기억을 듣지 않으면 안 된다. 누구라도 강하게 남은 기억이 있을 것이다. 그리고 기억에 남아 있는 사건은 대부분 중요한 사건이다. 심리학 중에는 반대 의견을 가진 학파도 있는데, 그들은 본인이 잊고 있는 기억이야말로 가장 중요하다고 한다. 그러나 양쪽 모두 기본적으로는 같은 것을 이야기하고 있다고 생각해도 좋을 것이다. 어떤 기억이 있더라도 본인은 그 의미를 알지 못해 자신의 행동과의 관계도 이해하지 못하고 있을지도 모른다. 그렇다면 본인이 의미를 자각하지 않은 기억을 중시하는 것도, 잃어버린 기억을 중시하는 것도 결과는 마찬가지다.

옛 기억을
돌이켜 본다

옛 기억은 비록 사소한 것이라 하더라도 많은 것을 말해준다. 예를 들어 한 남성이 어릴 적 어머니를 따라 동생과 함께 쇼핑을 갔을 때를 떠올렸다고 하자. 그 기억만으로 충분히 그의 라이프스타일을 판별할 수 있다. 그는 동생과 함께라는 것을 기억해 냈다. 그것은 즉, 동생이 있다는 사실을 그가 중시하고 있다는 것이다. 더 나아가 비슷한 상황에서 비가 내린 날의 기억을 떠올릴지도 모른다. 비가 내리면 어머니는 일단 그를 먼저 안아주지만 동생이 있다는 것을 깨닫자마자 그를 내려놓고 대신에 동생을 안아주었다. 그 기억을 통해 그의 라이프스타일을 상상할 수 있다. 이 남성은 언제나 자신 이외의 사람만이 소중히 여겨진다는 착각을 품고 있다. 때문에 항상 자신감이 없고 대인관계도 불완전하다. 그것은 우정에서도 마찬가지로 상대에게는 자신보다 소중한 친구가 있을 것이라고 착각하여 진정한 우정을 키워나갈 수 있다. 타인을 신뢰하지 못해 우정의 다리가 될 수 있을지도 모르는 사소한 사건에도 두려워하고 있다.

또한 이 비극으로 인해 그는 공동체 감각을 익힐 수 없었다. 동생을 안아주는 엄마를 본 그는 동생이 더 엄마의 사랑을 받고 있다고 착각했고, 그 착각을 뒷받침해줄 만한 사건만을 찾고 있었다. 자신의 착각을 믿어 의심치 않았기 때문에 언제나 긴장과 스트레스를 안고 있다. 이 남성은 자기보다 사랑받고 있는 사람이 있다고 느끼면 무언가를 달성하는 것이 매우 힘들어지고 마는 것이다.

이렇게 타인을 신뢰할 수 없는 사람에는 완전히 고립되는 것이 유일한 해결책이다. 고립된다면 타인과 경쟁할 필요도 없어 말하자면 이 지구상에 유일한 존재가 될 수 있기 때문이다. 실제로 그러한 아이는 세계가 멸망하여 자신만이 살아남는 이야기를 상상하기도 한다. 그렇게 되면 더 이상 자신 이외의 누군가가 편애를 받는 일은 없기 때문이다. 이렇게 자기 편한 식으로 온갖 시나리오를 상상하지만 모든 것이 비현실적이고 상식으로는 용납될 수 없다. 모두 타인을 신용할 수 없다는 마음에서 비롯된 것이기 때문이다. 이 인물은 제한된 세계에서 살면서 도망칠 궁리만 하고 있다. 타인과의 연결은 전혀 갖지 않고 타인에게 흥미도 없다. 그러나 이것은 병이기 때문에 그를 책망할 수는 없을 것이다.

열등감을
완화시키기

여기서 우리 심리학자의 역할은 이러한 인물이 건전한 공동체 감각을 갖게 하는 것이다. 그러나 어떻게 하면 그럴 수 있을까? 이 환자는 자신의 착각을 굳게 믿으며 착각을 뒷받침해 줄 사실만을 찾고 있어 특히 치료가 힘들다. 딱딱한 껍질을 깨고 완고한 마음을 풀지 않는 한 착각을 바꾸는 것은 불가능할 것이다. 그러기 위해서는 어떤 특정한 기술과 전술이 필요하다. 그에 더해 치료를 할 의사는 환자와 개인적인 인간관계가 아니라 환자에게 특별한 흥미를 갖지 않는 사람이 좋다. 왜냐하면 환자에게 어떤 사심이 있을 경우 환자를 위해서가 아니라 의사의 목적을 위해 치료를 할 위험성이 있기 때문이다. 환자는 의사의 목적을 반드시 간파하고 의사를 불신하게 될 것이다.

여기서 중요한 것은 환자의 열등감을 완화시켜주는 것이다. 단, 열등감을 완전히 제거하는 것은 불가능하며 또한 제거할 필요도 없다. 열등감은 인격을 구축하는 기반 역할을 하고 있기 때문이다. 우리 심리학자의 역할은 환자의 목적을 바꾸는 것이다. 지금까지 살펴본 것처럼 이 환자의 목적은 자신이 소중히 여겨지는 않는 존재이기 때문에 현실도피를 하는 것이다. 우선 이 콤플렉스부터 살펴보자. 자신을 과소평가하고 있다는 것을 환자에게 납득시켜 열등감을 완화시켜야 한다. 행동의 문제점을 지적하여 지나치게 긴장하는 경향에 대하여 설명한다. 본인이 벼랑 끝에 서 있는 듯한, 또는 적들로 둘러싸여 살고 있는 것처럼 긴장하고 있다는 것을 이해시킨다. 타인이 더 사랑을 받고 있다는 공포로 인해 최고의 능력을 발휘하지 못해 상대가 첫인상을 좋게 보지 못한다는 것도 이해시킨다.

이 환자와 같은 사람이 사교의 장에서 훌륭하게 역할을 다하고 누구와도 친숙하고 친구를 즐겁게 해주는 것을 우선으로 생각한다면 그의 증상은 극적으로 개선될 것이다. 그러나 실제로는 사교의 장을 전혀 즐기지 못하고 타인의 마음을 배려하시노 못한다. 그리고 이런 식으로 생각한다. "바보 같은 놈들이야. 내 진가를 모르고 내가 흥미를 느끼는 이야기도 못하다니."

이런 인물의 문제는 자신의 착각 속에서만 살아 객관적인 시점의 결여로 인해 상황을 제대로 판단할 수 없다는 것이다. 앞에서도 살펴봤듯이 그는 전 세계를 적으로 돌리고 한 마리 늑대처럼 고독한 인생을 살고 있다. 인간이 이러한 인생을 보내는 것은 이상한 일이고 비극적인 일인 것이다.

우울증 환자의
라이프스타일

여기서 또 한 가지 구체적인 예를 소개하기로 하자. 이번에 등장하는 사람은 우울증에 걸린 남성이다. 우울증은 흔히 볼 수 있는 질환으로 치료하는 것이 가능하다. 우울증에 걸리는 사람은 유소년기부터 그 경향을 뚜렷이 드러난다. 실제로 새로운 상황에 대응할 때, 우울증 경향을 보이는 아이가 많다. 여기서 소개하는 우울증 남성은 이미 10번의 발작을 일으키고 있다. 모두 다 무언가 새로운 상황에 직면했을 때이다. 익숙한 상황에서 그는 매우 평범한 사람이다. 그러나 그는 사회에 나서기를 싫어하며 타인을 지배하려는 경향이 있다. 그 결과 친구가 전혀 없고 50살이 되어서도 독신이었다.

여기서 그의 라이프스타일을 알기 위해 그의 어린 시절을 분석해 보자. 어린 시절 이후 매우 신경질적이고 시비조였다. 자신의 고통과 나약함을 이용하여 언제나 형과 누나를 지배하였다. 어느 날 형제들과 소파에서 놀고 있을 때, 그는 형제들 모두를 아래로 밀어버렸다. 그러자 고모가 꾸중을 하였고, 그는 "고모한테 혼나서 내 인생은 끝이야!"라고 했다고 한다. 당시 그는 아직 4살이나 5살밖에 되지 않았다.

이것이 그의 라이프스타일이다. '불쌍한 나'를 연출하여 언제나 타인을 지배하려 한다. 이 경향이 어른이 되어 우울증을 일으킨 원인이 되었다. 원래 우울증 자체가 단순히 나약함의 표출에 불과하다. 우울증 환자의 공통점은 "내 인생은 이제 끝났다. 나는 모든 걸 잃었다."고 하는 대사를 읊는다는 것이다. 대부분의 경우 그들은 어린 시절 응석받이로 자랐지만 어른이 돼서는 아무도 응석을 받아주지 않는다는 경험을 하였고, 그 경험이 라이프스타일에 영향을 끼치고 있다.

라이프스타일을
찾아 수정하자

상황에 어떤 식으로 반응할지는 사람에 따라 전혀 다르다. 예를 들자면 동물의 종류에 따라 반응이 다른 것과 같다. 완전히 같은 상황에서도 토끼의 반응과 늑대나 호랑이의 반응은 다르다. 성격 타입이 다른 세 명의 소년을 사자 우리로 데리고 가 이 맹수를 처음 봤을 때의 반응의 차이를 분석하는 실험이 이루어진 적이 있다. 첫 번째 소년은 뒤로 돌아서며 "집에 가."라고 했다. 두 번째 소년은 "대단해!"라고 했다. 용감하게 행동하려 했지만 소년은 그렇게 말하며 떨고 있었다. 실제로는 겁쟁이였던 것이다. 그리고 세 번째 소년은 "침을 뱉어도 돼?"라고 말했다. 이렇게 비록 같은 상황이라도 반응 방법은 삼인삼색이다. 게다가 인간은 대부분의 상황에서 공포를 느낀다는 것도 알 수 있다.

사회에 적응할 수 없다는 문제도 사교의 장에서 느끼는 공포가 가장 큰 요인이 되고 있다. 예를 들어 한 남성은 좋은 집안에서 태어나 무슨 일을 하건 남에게 다 맡겼다. 나약한 인상 때문에 취직도 할 수 없었다. 이윽고 집안 사정이 악화돼 형제들에게 "너는 바보라 일자리도 찾지 못하는구나."라는 책망을 듣게 되었다. 남성은 술을 마시기 시작했다. 몇 달이 흘러 완전히 알코올 의존증 진단을 받아 2년 동안 입원을 하게 되었다. 입원이 도움은 되었지만 완치된 것은 아니었다. 그리고 아직 준비가 채 되기도 전에 다시 사회로 나가야 했다. 역시 취업활동에 고생하며 훌륭한 집안 출신임에도 불구하고 육체노동밖에 할 수 있는 일이 없었다. 머지않아 그는 환각을 보게 되었다. 모르는 사내가 나타나 그를 비웃었고, 그 때문에 일을 찾지 못하는 것이라고 착각하게 되었다. 이전에는 알코올 의존증 때문에 일을 할 수 없었지만, 이번에는 환각 때문에 일을 할 수 없었다. 그래서 우리는 단지 술을 끊는 것만으로는 치료가 되지 않는다고 판단했다. 이 경우 그의 라이프스타일을 찾아 수정할 필요가 있다.

진찰과 조사 결과, 이 남성은 응석을 부리며 자랐고 모든 것을 남이 대신해 주었다는 것을 알게 되었다. 혼자서 해결한 경험이 없었기 때문에 일을 제대로 할 수 없었던 것이다. 어떤 아이라도 자립을 배우지 않으면 안 되고, 그러기 위해서는 먼저 자신의 라이프스타일 문제를 이해하지 않으면 안 된다. 이 남성의 경우에는 어린 시절에 스스로 무언가를 해내는 훈련을 받아야 했었다. 그러면 다른 형제들 앞에서 위축되는 일은 없었을 것이다.

5장

유소년의
기억으로
알 수 있는 것

어른이든 아이든 간에 특정 감각에
흥미를 갖는 것은 그 감각을 관장
하는 기관에 장해가 있는 경우가
많다.

As long as you live, keep learning how to live.

당신이 살면 살수록 어떻게 살 것인가를 계속 배워야 한다.

Lucius Annaeus Seneca(로마의 정치가, 철학자, 시인)

옛 기억에
감춰진 비밀

지금까지는 개인의 라이프스타일의 중요성에 대해 살펴봤다. 다음은 옛 기억에 대해 생각해 보기로 하자. 아마도 옛 기억은 한 사람의 라이프스타일을 특정하는 데 있어서 가장 큰 열쇠가 될 요소일 것이다. 라이프스타일의 핵심인 인격의 원형을 밝히고 싶다면 어린 시절의 기억까지 거슬러 올라가는 것이 가장 확실한 방법이다.

한 사람의 라이프스타일을 판정하고 싶다면(그 사람이 어른이건 아이이건) 먼저 상대의 불평과 불만을 조금 들은 뒤 옛 기억에 대해 질문한다. 그리고 기억의 내용과 상대가 말한 다른 사항을 비교한다. 대부분의 경우 라이프스타일은 절대로 변하지 않는다. 같은 인간의 인격은 항상 같다. 라이프스타일이란 이미 살펴봤던 것처럼 어떤 특정한 우월성을 달성하고자 하는 마음에서 비롯된다. 때문에 언어, 행동, 감정 모두가 그 사람 전체의 '행동 라인'을 유기적으로 구성하고 있는 것이다. 그리고 이 행동 라인이 특히 또렷하게 드러나는 장면이 있고 옛 기억도 그중 하나이다.

그러나 옛 기억과 새로운 기억을 엄밀하게 구별하는 것도 잘못이다. 새로운 기억 속에도 행동 라인이 포함돼 있기 때문이다. 단지 유소년기의 행동 라인이 보다 쉽게 발견할 수 있고 보다 많은 것을 가르쳐준다. 거기서 인생에 일관되게 진행되는 테마를 발견하여 라이프스타일은 평생 변하지 않는다는 것을 이해할 수 있는 것이다. 4살이나 5살에 형성된 라이프스타일을 분석하면 과거의 기억과 현재의 행동 사이의 연결고리를 발견할 수 있다. 우리는 이런 관찰을 셀 수 없이 반복한 결과 환자의 인격 원형은 옛 기억을 살펴보면 반드시 찾을 수 있다고 확신하게 되었다.

'아무 기억도
나지 않는다.'의
의미

환자가 이야기해 주는 과거의 기억은 이미 무언가 감정적 이입이 있는 사건이다. 그 기억 속에 환자의 인격을 알 수 있는 열쇠가 감춰져 있다. 물론 잊혀진 기억(또는 무의식의 기억)도 라이프스타일과 인격의 원형을 구성하는 중요한 요소지만, 이것은 발견하기가 어렵다. 의식적인 기억도 무의식적인 기억도 우월성을 지향한다는 같은 목적을 가지고 있다. 둘 다 인격의 원형을 구성하는 요소다. 따라서 만약 가능하다면 의식적인 기억과 무의식의 기억 양쪽을 발견하는 것이 바람직하다. 양쪽의 기억 모두 똑같이 중요하며 본인은 대부분 양쪽 기억도 이해하지 못하고 있다. 기억을 이해하고 해석하는 것은 본인 이외의 사람이 해야 할 일이다. 우선은 의식적인 기억부터 살펴보자. 옛 기억에 대해 물으면 "아무 기억도 없습니다."라고 대답하는 사람이 있다. 그런 사람을 상대할 때는 잘 생각하고 기억해내도록 할 필요가 있다. 집중해서 기억을 되찾는다면 반드시 무언가를 떠올릴 것이다. 여기서 주의할 점은 처음에 기억을 떠올리지 못했다는 사실에도 의미가 있다는 것이다. 그 사람은 어린 시절을 떠올리고 싶지 않고, 그것은 다시 말해 좋은 기억이 없다는 것일지도 모른다. 그런 사람은 의사가 이끌어내 줄 필요가 있다. 힌트를 주면서 의사가 알고자 하는 것을 알려주도록 기억을 이끌어낸다. 누구라도 반드시 마지막에는 무언가를 떠올릴 것이다.

가끔은 갓 태어났을 때를 기억하고 있다고 하는 사람도 있다. 실제로 이것은 거의 불가능한 일로 본인이 기억하고 있다고 생각하더라도 대부분은 가공의 기억이다. 그러나 가공의 기억도 진짜 기억도 모두 그 사람의 인격의 일부이기 때문에 똑같이 중요하다. 정말로 본인이 기억을 하고 있거나 아니면 부모로부터 들었는지 모르는 사람도 있을 것이다. 이 또한 큰 차이는 없다. 왜냐하면 설령 부모에게서 들었다고 하더라도 본인에게는 어떤 중요한 의미가 있기 때문에 기억하고 있는 것이며 그 의미를 찾는 것도 큰 힌트가 되기 때문이다.

기억으로
타입을
생각한다

앞 장에서 살펴본 것처럼 인간의 성격을 타입별로 분류하는 것은 어떤 목적에서는 편리하고 유효한 방법이다. 옛 기억 또한 타입에 따라 다르고 어떤 타입이 어떤 행동을 취하는지는 옛 기억의 내용을 통해 추측할 수 있다. 예를 들어 어린 시절에 본 크리스마스트리를 선명하게 기억하고 있는 사람이 있다고 하자. 매우 훌륭한 트리로 많은 등불이 반짝이고 주변에는 많은 선물과 케이크가 놓여 있다. 이 기억에서 가장 흥미로운 점은 무엇일까? 그것은 '그가 그것을 봤다.'는 사실이다. 그는 왜 자신이 본 것을 이야기했을까? 그것은 그가 시각에 흥미를 가진 사람이기 때문이다. 이 사람은 눈에 어떤 문제점이 있어 볼 때마다 훈련을 받고 있었다. 때문에 과거부터 '본다.'라는 행위에 큰 관심을 가지고 있었다. 어쩌면 이것은 그의 라이프스타일에 있어서 가장 중요한 요소가 아닐지도 모르지만, 그래도 흥미롭고 의미가 있는 요소임에는 변함이 없다. 그에게 어떤 직업을 권한다면 눈을 사용하는 직업이 좋을 것이다.

아이의 학교 교육에서는 타입별 성격 분석이 경시되는 경우가 많다. 예를 들어 남의 이야기를 듣지 않는 아이는 어쩌면 시각에 흥미가 있는 타입으로 항상 무언가를 보고 싶어 하기 때문에 듣는 것을 소홀히 하게 되었을지도 모른다. 만약 그렇다면 듣는 일의 중요성을 인내심 깊이 가르쳐줄 필요가 있다. 아이들은 대부분 하나의 감각에 편향돼 있어 시각형 아이가 있는가 하면 청각형 아이도 있다. 또는 몸을 움직이길 좋아해서 언제나 움직이는 아이도 있다. 이 세 가지 다른 타입의 아이에게서 똑같은 결과를 기대하는 것은 불가능하다. 특히 교사가 하나의 어떤 방법, 예를 들어 듣는 것을 중시하는 방법만을 사용할 경우 아이들 사이에 큰 차이가 난다. 시각형 아이와 운동형 아이는 그런 교육으로는 능력을 발휘할 수 없을 것이다.

여기서 한 젊은 남성의 예를 소개하기로 하자. 그는 24살로 자주 의식을 잃는다는 문제가 있다. 어린 시절의 기억에 대해 묻자 4살 때 엔진 소리를 듣고 의식을 잃은 것을 떠올렸다. 다시 말해 그는 '청각' 타입으로 듣는 것에 흥미를 가지고 있다. 이 남성이 '실신'이라는 문제점을 갖게 된 이유는 여기서는 중요하지 않다. 단지 어린 시절 소리에 민감했다는 사실만으로 충분하다. 그는 음감이 매우 뛰어나 잡음과 소음을 들으면 심한 불쾌감을 느낀다. 그러므로 엔진 소리 때문에 기절했다는 사실도 그다지 놀랄 만한 일이 아닐 것이다. 앞에서 말했듯이 어른이든 아이든 간에 특정 감각에 흥미를 갖는 것은 그 감각을 관장하는 기관에 장해가 있는 경우가 많다. 앞 장에서 등장했던 천식 환자를 기억하고 있는가? 그는 어린 시절 어떤 문제가 있어 가슴 주변에 붕대를 꽉 감고 있었다. 그 결과 호흡하는 것에 큰 흥미를 갖게 되었다.

또는 먹는 것에만 흥미를 갖는 사람도 존재한다. 그들의 최초 기억은 먹는 것에 관한 사건이다. 그들에게 있어서 '먹는 것'이 세계에서 가장 중요하다. 어떻게 먹을지, 무얼 먹을지, 무얼 먹지 말지와 같은 것만 생각하고 있다. 그들의 경우에도 어린 시절 먹는 것에 대한 어떤 문제가 발생한 결과 먹는 것에 큰 흥미를 갖게 되었을 것이다.

행동이
어색한 아이

여기서는 '행동, 걸음걸이'에 관한 기억에 대해 살펴보자. 행동이 어색한 아이, 자신의 몸을 제대로 조종할 수 없는 아이는 몸이 약하거나 병에 걸린 경우가 많다. 그들은 움직이는 것에 매우 큰 흥미를 표현하면서 항상 차분하지 못하다. 여기서는 50살 남성의 예를 소개하겠다. 이 남성은 누군가와 함께 길을 건널 때마다 자신과 동행이 차에 치일 것 같은 공포에 휩싸인다. 혼자 있을 때는 전혀 무섭지 않아 아무렇지 않게 길을 건널 수 있다. 동행자가 있을 때만 과도한 두려움을 느껴 상대를 지켜줘야 한다는 생각에 사로잡힌다. 때문에 동행자의 팔을 잡고 좌우로 끌어당겨 상대의 화를 돋우게 된다. 이런 증상은 그리 흔한 일은 아니지만 그래도 지금까지 몇 번인가를 볼 수 있었다. 이제부터 이 황당한 행동의 비밀에 대해 설명하기로 하자.

과거의 기억에 대해 묻자 3살 무렵에 곱사병을 앓아 마음대로 몸을 움직일 수 없었다는 이야기를 해주었다. 그리고 길을 건널 때 차에 치인 적이 2번 있었다고 한다. 때문에 어른이 된 그에게 이 약점을 극복했다는 것을 증명하는 것이 매우 중요했다. 쉽게 말해 길을 제대로 건널 수 있다는 것이 자신뿐이라는 것을 보여주고 싶었던 것이다. 그 이유로 누군가 함께 있으면 자신의 힘을 증명해야 한다는 생각에 사로잡혔다. 물론 길을 안전하게 건널 수 있다는 능력은 특별히 자만할 수 있는 것도, 타인과 경쟁할 일도 아니다. 그러나 이 남성과 같은 사람에게는 도울 수 있는 능력이 있다는 것은 중요한 일이라 타인에게 과시하고 싶어지는 것이다.

죽음에 관한 기억

다음으로 한 소년의 케이스를 소개하겠다. 그는 문제아로 학교의 물품을 도둑질하였다. 부모는 너무도 당혹스러웠다. 이대로라면 범죄자가 될지도 모른다. 소년에게 옛 기억에 대해 묻자 항상 움직이고 싶어 안절부절 못했다고 한다. 현재 그는 아버지와 함께 일하고 있으며 계속 앉아 있었다. 나는 그의 성격을 고려해서 영업을 할 것을 제안했다. 앉아서 하는 일이 아니라 이리저리 돌아다니는 것을 좋아하기 때문이다.

옛 기억 속에서도 죽음에 관한 기억은 대단히 큰 의미가 있다. 누군가 갑자기 사라진다는 경험은 아이의 마음에 깊은 영향을 끼치기 때문이다. 가족의 죽음을 경험하고 풀이 죽어 버리는 아이도 있다. 또는 풀이 죽지는 않아도 죽음이라는 문제에 사로잡혀 병과 죽음과의 싸움에 인생을 바치려고 하는 아이도 있다. 그런 아이 중에는 어른이 돼서 의학에 흥미를 갖고 의사나 과학자가 되는 사람도 있다. 물론 이런 목적을 가지고 사는 것은 유익한 인생이다. 자신이 죽음과 싸우는 것뿐만이 아니라 타인이 죽음과 싸우는 데 도움을 주고 있다. 그러나 죽음의 영향을 받은 인격의 원형은 때로는 자기중심적인 성격으로 발전하기도 한다. 예를 들어, 누나의 죽음에 큰 영향 받은 한 소년은 장래에 무엇이 되고 싶으냐고 묻자 의사가 아니라 '무덤을 파는 사람'이라고 대답했다. 그리고 왜 그 일을 하고 싶은가 하는 질문에는 "묻히는 사람이 아니라 묻는 사람이 되고 싶으니까."라고 대답했다. 이 대답은 그가 인생의 무익한 측면을 향하고 있다는 증거이다. 왜냐하면 타인을 배려하지 않고 자신만을 생각하고 있기 때문이다.

응석받이의
추억

여기서는 어린 시절 응석받이의 기억에 대해 살펴보자. 그들의 기억에는 응석을 부리며 자란 사람의 특징이 잘 드러나 있다. 응석받이였던 사람은 자주 어머니에 대한 추억을 이야기한다. 어머니의 이야기를 하는 것은 자연스러운 것일지도 모르지만, 이것은 자신에게 있어 바람직한 상황을 손에 넣기 위해 싸워야만 했다는 증거이기도 하다. 옛 기억에 특별하게 큰 의미가 없다는 것은 틀림이 없지만 여전히 분석할 가치는 있다. 예를 들어 어떤 사람이 이런 이야기를 떠올렸다고 하자. "장소는 내 방이었고 나는 거기 앉아 있고 어머니는 장롱 옆에 서 있었다." 전혀 중요한 의미가 있는 기억처럼 느껴지지 않지만, 어머니에 대한 추억을 이야기한다는 것 자체가 이 사람의 흥미 중심에 어머니가 있다는 증거가 된다. 때로는 어머니의 존재가 감춰져 있어 분석이 어려워지는 경우도 있다. 그럴 때는 이쪽에서 어머니에 대하여 추측해서는 안 된다. 예를 들어 단지 '여행을 갔다.' 고만 대답한 사람에게 동행자에 대해 물으면 어머니가 함께였다는 것을 알기도 한다. 또는 '여름 내내 시골에서 보냈다.' 는 기억에 대해 이야기하는 사람이 있으면, 아버지는 집에 남아 일을 하고 어머니가 아이들과 함께였을 것이라고 추측할 수 있다. 그리고 실제로 누구와 함께였는지를 물으면 어머니의 감춰진 영향을 발견할 수 있을 것이다.

어머니의 추억을 분석하면 그 사람 속에 '위를 지향하는 마음' 이 있다는 것을 알 수 있다. 발달 단계에 있는 아이는 어머니로 인한 '응석' 은 가치가 있는 것이라고 여기게 된다. 이것은 개인 심리학의 연구에 있어서 매우 중요하다. 왜냐하면 아이든 어른이든 간에 응석을 부리던 추억을 이야기하는 사람은 자기보다 타인이 사랑을 받는 것을 항상 두려워하고 있다고 생각할 수 있기 때문이다. 그들은 항상 긴장한 채 자신보다 눈길을 끄는 존재를 견제하고 있다. 그리고 어른이 되면 질투심이 많은 성격이 된다.

특별한
집착

또는 어느 한 점에만 특별한 집착을 하는 사람도 있다. 예를 들어 이런 말을 한 아이가 있다고 하자. "제가 여동생을 돌봐야 하는 날이 있어서 동생을 지키기 위해 최선을 다했죠. 하지만 동생을 테이블 위에 올려놓으려다 테이블크로스에 걸려 바닥에 떨어뜨리고 말았습니다." 이 아이는 언니로 당시에는 아직 4살밖에 되지 않았다. 물론 4살 아이에게 동생을 돌보는 것은 너무 힘들고 성급한 일일 것이다. 그녀는 동생을 위해 최선을 다했지만 이런 결과로 이어지고 말았다. 이것은 언니의 마음에 큰 상처를 남기고 말았다. 이 언니는 어른이 되어 상냥한 남성과 결혼했다. 오히려 너무 착해 무엇이든 아내의 말을 따르는 남편이었다. 하지만 그녀는 항상 질투심으로 고생해야 했다. 남편이 다른 여성을 좋아하게 될 것을 두려워해 항상 남편을 책망했다. 당연히 남편의 마음은 그녀에게서 멀어져 아이들에게만 관심을 쏟게 되었다.

혹은 긴장감이 너무 또렷하게 드러나 가족 중 누군가에게 상처를 입히고 싶다는 명확한 의도를 갖는 경우도 있다. 실제로 죽여 버리고 싶다는 생각까지 하기도 했다. 그런 사람은 정말로 자신의 일밖에 생각하지 않는다. 자신 이외의 사람은 모두 싫어하며 적대심을 품고 있다. 이 감정은 인격 형성 중에 이미 드러나 있다.

예를 들어 무슨 일이든 끝까지 해내지 못하는 남성이 있다고 하자. 그가 그렇게 된 것은 친구 관계에서 자신보다 사랑받는 사람이 나타나는 것을 두려워하거나 주변 사람이 자신보다 더 잘나가는 것 같다는 의심암귀(疑心暗鬼) 증상에 빠지기 때문이다. 자기 이외의 다른 사람이 주목을 받거나 사랑받는 것을 항상 경계하고 있기 때문에 진정한 의미에서 사회의 일원이 될 수가 없다. 어떤 직업을 갖더라도 그는 이상하리만큼 긴장하고 있다. 이러한 태도는 연애와 결혼 상황에서 보다 선명하게 드러난다.

이러한 사람을 완전히 치료하는 것은 불가능할지도 모르지만 옛 기억을 활용한다면 증상을 개선할 수도 있다.

우리가 치료를 한 환자 중에는 앞 장에서도 등장했던 소년이 있다. 어머니와 동생과 함께 쇼핑을 갔던 것을 기억하고 있던 소년이다. 도중에 비가 내리자 어머니는 처음에는 그를 안아주었지만, 동생의 존재를 깨닫고 그를 내려준 뒤 동생을 안아주었다. 그 결과 그는 동생이 더 사랑받고 있다는 착각을 하게 되었다.

옛 기억을 통해
엿볼 수 있는
라이프스타일

앞에서도 말했듯이 그런 옛 기억을 들을 수 있다면 환자의 장래를 예측할 수도 있다. 하지만 여기서 조심해야 할 것은 옛 기억은 원래의 원인이 아니라 단순히 힌트에 불과하다는 것이다. 실제로 일어났던 일과 그 사람의 발달 과정을 시사해 주는 것에 불과하다. 옛 기억을 살펴보면 그 사람의 목적과 목적을 달성하기 위한 행동을 알 수 있고 이겨내야 할 장해를 알 수 있다. 그 사람이 어떤 라이프스타일을 갖게 되었는지를 알게 된다. 예를 들어 성(性)에 관한 트라우마가 있어 그로 인해 성에 강한 관심을 갖고 있다는 것을 알 수 있을지도 모른다. 옛 기억에 대해 물을 때 무언가 성적 체험 이야기가 나오는 것이 일반적이다. 보통보다 이른 시기부터 성에 대한 흥미를 갖고 있는 사람도 있다. 성에 흥미를 갖는 것은 인간으로서 자연스러운 것이지만, 앞에서도 말했듯이 흥미의 정도와 종류는 사람에 따라 제각각이다. 개인 심리학에서의 생각으로는 유소년기의 기억 속에 성에 관한 이야기가 나오는 사람은 성에 대한 관심이 매우 강한 경향이 있으며 언젠가 문제 행동으로 이어지게 된다. 모든 것을 성과 연관시켜 생각하는 사람이 있는가 하면, 또 한편으로는 인간으로서 가장 적절한 기관은 위라고 주장하는 사람도 있다. 후자 또한 옛 기억이 어른이 된 후의 인격으로 이어져 있다.

내 환자 중에 늘 차분하지 못한 소년이 있었다. 가만히 앉아서 공부를 할 수 없었기 때문에 고등학교에 들어간 것 자체가 놀라운 일이었다. 공부를 해야 하지만 항상 다른 것을 생각하고 카페나 친구 집에서 놀기만 했다. 그래서 우리는 그의 옛 기억을 분석해 보기로 했다. 그는 이렇게 말했다. "요람에 누워 벽을 바라보던 것을 기억합니다. 벽지 모양은 꽃 모양과 온갖 문양이었습니다." 이 인물이 할 수 있는 일이라고는 요람에 누워 있는 것뿐이었다. 아직 시험을 치를 만큼 성장하지 않았다. 그가 공부에 집중하지 못하는 것은 언제나 다른 것을 생각하고 있어 한 번에 두 마리 토끼를 쫓는 타입이었기 때문이다. 어리광을 부리며 자란 탓에 자신의 힘만으로는 무언가를 달성할 수가 없다.

부모의
미움을 받은
아이의 기억

여기서부터는 부모에게 미움을 받은 아이에 대하여 살펴보자. 이것은 매우 드물고 극단적인 케이스다. 정말로 태어나자마자 미움을 받았다면 처음부터 살아가는 것이 불가능하다. 아마도 성장하기도 전에 죽고 말 것이다. 대부분의 아이는 부모 등의 돌봐주는 존재로부터 어느 정도까지는 응석을 부리고 욕구를 만족시킨다. 미움을 받는 아이로는 혼외자식, 비행소년, 바라지 않던 아이 등이 포함되고 그들 대다수가 억울한 마음을 품게 된다. 그들의 옛 기억에는 '자신이 미움을 받았다.'라고 하는 감정이 자주 등장한다. 예를 들어 한 남성은, "맞은 기억이 납니다. 어머니에게 자주 꾸중을 들었습니다. 제가 도망칠 때까지 계속 화를 내곤 했습니다."라고 말했다. 그리고 도망치는 도중에 익사 직전까지 간 적이 있다고 했다.

　이 남성이 정신과에 찾아온 것은 집 밖을 나갈 수 없게 되었기 때문이다. 그의 옛 기억에서 집을 나왔을 때 매우 위험한 상황에 처했던 적이 있다는 것을 알게 되었다. 이 기억이 머릿속에 각인돼 외출을 할 때마다 두려움에 떨게 된 것이다. 매우 똑똑한 아이었지만 시험을 볼 때마다 1등을 하지 못한 것도 늘 걱정거리였다. 두려움 때문에 시험을 보지 못한 적도 있었다. 힘들게 대학에 들어가서도 공부를 따라갈 수 있을지 불안했다. 그의 이런 성격은 모두 위험을 경험했던 기억에서 비롯된다.

　또는 불과 1살 때 부모님을 잃고 고아가 된 남성의 케이스도 포함될 것이다. 어린 시절 곱사병을 앓아 시설에 들어가야 했지만 제대로 보호를 받지 못했다. 아무도 그를 돌봐주지 않았다. 그리고 성장을 하여 대인관계가 힘들고 친구를 만들지 못하는 어른이 되었다. 그의 옛 기억을 거슬러 올라가면 언제나 자기 이외의 사람이 사랑을 받고 있다고 느꼈다는 것을 알 수 있다. 이 감정이 성장 과정에서 큰 역할을 하고 말았다. 그는 언제나 자신이 미움을 받고 있다고 느꼈다. 그로 인해 인생의 문제를 정면으로 마주할 수 없게 되었다. 열등감에 사로잡힌 탓에 연애, 결혼, 우정, 일 등의 대인관계가 필요한 상황으로부터 언제나 도망쳤다.

　또 한 가지 흥미로운 케이스를 소개하자. 한 중년 남성이 불면증을 호소하며 진료소를 찾아왔다. 나이는 46살에서 48살 사이, 기혼에 아이가 있다. 타인에게 매우 엄격하고 항상 자신이 남의 위에 서려고 하는 성격으로 가족에 대해서는 더욱더 위압적이었다. 그로 인해 주변 사람들은 매우 힘들어했다.

　옛 기억에 대해 묻자 어린 시절에 부모님이 자주 부부싸움을 했다는 대답이 돌아왔다. 항상 서로에게 심한 욕설을 퍼부었기 때문에 그는 아버지도 어머니도 무서워했다. 부모로부터 방치돼 불결한 몰골로 학교를 다녔다. 어느 날, 담임선생님의 휴가로 다른 선생님이 온 적이 있었다. 그 신생님은 여성으로 일에 열심이었고 교육에도 정열을 쏟았다. 선생님은 그에게 가능성을 느끼고 용기를 내라고 말을 걸어주었다. 남에게 인정을 받은 것은 그에게 있어 난생 처음 있는 일이었다. 그때부터 그의 성장이 시작됐지만 남들보다 늦었다는 생각은 줄곧 사라지지 않았다. 자신이 뛰어난 학생이 될 수 있다는 것을 도무지 믿을 수가 없었다. 그런 열등감에 쫓기기라도 하듯이 그는 열심히 공부했다. 낮에는 계속 공부를 했고 밤에도 늦게까지 공부를 했다. 그러고는 매일 밤늦게까지 공부를 하거나 아니면 밤을 새며 자신이 해야 할 일에 대해 생각했다. 그 결과 무언가를 달성하려면 거의 밤을 새지 않으면 안 된다고 믿게 된 것이다.

그리고 어른이 되어 우월하고 싶다는 욕구가 타인에 대한 태도, 특히 가족에 대한 태도 속에 드러나게 된 것이다. 가족은 모두 자신보다 약한 존재로 자신이 지배자가 될 수 있다고 믿었다. 아내와 아이들은 당연히 그의 이런 태도 때문에 고통을 받아야 했다.

이 남성의 성격을 요약하면 '과도한 열등감을 갖고 있기 때문에 항상 남들 위에 서려고 하는 성격'이 되는 것이다. 이것은 늘 신경이 곤두선 채 과도한 긴장을 하고 있는 사람에게서 흔히 볼 수 있는 특징이다. 그들이 신경을 곤두세우고 있는 것은 스스로에게 자신이 없기 때문이고, 그런 자신감이 없다는 것을 감추기 위해 우월 콤플렉스를 갖게 된다. 물론 그 우월성은 그저 빈껍데기에 불과하다. 옛 기억을 분석함으로써 그러한 상황의 진실된 모습에 빛을 비춰줄 수 있다.

6장

태도와
몸동작으로
알 수 있는 것

용기가 있다면 비록 실패하더라도
그다지 풀이 죽지 않지만 내성적인
사람은 괴로워하며 도망쳐 인생의
무익한 길을 선택하고 말 것이다.

Happiness is the meaning and the purpose of life,
the whole aim and end of human existence.
행복은 인생의 의미 및 목표, 인간 존재의 궁극적 목적이자 바라는 바이다.
Aristoteles(고대 그리스 철학자)

태도에 각인된
라이프스타일

앞 장에서 살펴봤듯이 옛 기억과 상상의 세계를 분석함으로써 그 사람의 감춰진 라이프스타일이 확실해진다. 그러나 기억의 분석은 인격의 연구에 사용되는 방법의 하나에 불과하다. 여러 가지 수법을 이용하여 분석함으로써 한 인간의 인격 전체상이 명확해지는 것이다. 옛 기억 이외에, 예를 들어 태도와 행동을 관찰하는 방법도 있다. 행동 그 자체는 태도 속에서 '표현'되거나, 혹은 태도 속에 각인돼 있다. 그리고 태도는 인생 전체에 대한 태도, 다시 말해 라이프스타일이 겉으로 드러나는 것이다.

먼저 행동부터 살펴보자. 사람은 누구나 서 있는 모습, 걷는 모습, 행동방식 등을 보고 상대의 됨됨이를 판단한다. 언제나 의식적으로 판단하는 것은 아니지만 상대의 행동으로부터 느끼는 인상에 의해 공감이나 반감을 느낀다.

예를 들어 서 있는 모습에 대해 생각해 보자. 상대가 등을 쭉 펴고 서 있는지, 아니면 등을 굽어 비스듬하게 서 있는지는 한 눈에 금방 알 수 있다. 이것은 그다지 어려운 일이 아니다. 여기서 주목할 것은 극단적인 자세이다. 예를 들어 부자연스러울 만큼 등을 쭉 펴고 서 있는 사람을 보면 이 자세를 유지하는 데 꽤 힘이 들 것이라고 생각한다. 그리고 자신이 없기 때문에 일부러 자신을 크게 보이려고 하는 것일지도 모른다는 인상을 준다. 다시 말해 자세라고 하는 작은 힌트로 이 인물이 우월 콤플렉스를 갖고 있다는 것을 추측할 수 있다. 이 인물은 자신을 실제보다 용감하게 보이고 싶어 하고 있다. 실제로는 쭈뼛거리고 있지만 당당한 자신을 연출하고 있는 것이다.

반면에 항상 등이 둥글게 굽은 사람도 있다. 그런 자세는 어느 정도 겁이 많은 성격이라는 것을 표출하고 있을 것이다. 그러나 심리학이라는 과학에서는 첫인상을 지나치게 중시하지 않도록 주의하는 것이 중요하다. 항상 다른 힌트를 찾아야 한다. 자신의 판단이 옳을수록 확신할 수 있겠지만, 그래도 다른 요소를 음미하고 올바르게 증명할 필요가 있다. "고양이처럼 등이 굽은 사람은 정말로 겁쟁이인가? 그들은 어려운 상황에서 어떤 태도를 취할까?"라고 자문하지 않으면 안 된다.

굽은 등 이외에 테이블이나 의자 등에 항상 기대고 서 있는 자세도 겁쟁이 인상을 준다. 그런 사람은 자력으로 설 수 없다고 생각하기 때문에 무언가 의지할 것을 필요로 하고 있다. 굽은 등과 기대는 자세를 모두 갖고 있다면 그 사람은 겁쟁이라고 판단해도 틀림이 없을 것이다.

서 있는 자세, 타인에 대한 접근 방법

아이의 경우 응석받이 아이와 자립한 아이는 서 있는 자세가 다르다. 선 자세와 타인에 대한 접근 방법을 살펴보면 그 아이가 얼마만큼 자립하고 있는지 판단할 수 있다. 그러한 케이스에서 심리학자는 자신의 판단을 의심할 필요가 없다. 판단을 뒷받침해 줄 요소를 많이 찾아볼 수 있기 때문이다. 그리고 판단에 확신이 서게 되면 그 아이를 올바른 궤도로 올리기 위한 치료를 시작한다.

그럼 이제 응석받이에 언제나 도움을 필요로 하는 아이의 예를 살펴보자. 우리는 그 아이를 대상으로 한 실험을 하였다. 어머니가 먼저 방에 들어가 의자에 앉았다. 다음에 아이가 방에 들어가 다른 사람은 쳐다보지도 않은 채 곧바로 어머니 품으로 달려갔다. 그리고 어머니가 앉아 있는 의자나, 혹은 어머니에게 기댔다. 이 결과로 우리의 판단이 옳았다는 것을 알 수 있었다. 다시 말해 그 아이는 누군가의 도움을 받기를 원하고 있었던 것이다.

여기서 또 한 가지 흥미로운 것은 그 아이가 타인에게 접근하는 방법이다. 타인에 대해 접근 방법을 보면 어느 정도 공동체 감각이 있는지, 어느 정도 사회에 적응하고 있는지 등을 알 수 있다. 얼마만큼 타인을 신용하고 있는지를 알 수 있는 것이다. 언제나 남을 피해 혼자만 멀리 서 있는 사람은 대부분 인생의 다른 상황에서도 소극적이고 말수가 적어 입을 다물고 있는 경우가 많다.

자세와 행동과 같은 특징 속에 그 사람의 경향이 명확하게 드러나 있다. 그 특징들을 모두 합쳐 한 사람의 인간이자 하나의 전체로서 인생의 과제에 대처하고 있기 때문이다. 여기서 의사의 진료를 받기 위해 찾아온 여성의 예를 소개하기로 하겠다. 그녀는 진료실에 들어와 의자를 권하자 의사 가까이에 있는 의자가 아니라 멀리 떨어진 의자에 앉았다. 이것으로 그녀가 한 명의 사람과만 상대하고 싶어 한다는 것을 알 수 있다. 그녀는 기혼자였고 그 한 명의 사람이란 그녀의 남편이 될 것이다. 여기에 더해 남편에게 의존하는 타입이라는 것도 알 수 있다. 그녀는 아마도 남편이 항상 정해진 시간에 돌아와 주기를 요구하고 있을 것이다. 혼자 있는 것이 불안해 혼자 외출하는 일도, 남과 만나는 것도 좋아하지 않는다. 의사에게서 먼 의자에 앉는 행동을 통해 이상과 같은 것을 추측할 수 있었다. 그러나 의사의 판단을 뒷받침해 줄 방법은 더 있다.

그녀는 어쩌면 "불안해서 참을 수 없어요."라는 말을 할지도 모른다. 이 말의 진정한 의미를 이해하기 위해서는 불안은 타인을 지배하는 무기가 된다는 것을 알아둘 필요가 있다. 불안을 호소하는 사람이 있다면 그 사람이 어른이든 아이든 간에 그 사람이 의지하고 있는 다른 사람이 있다고 생각할 수 있다.

이전에 진찰한 부부는 자신들이 자유사상을 가진 사람들이라고 주장했다. 이들과 같은 사람은 배우자에게 모든 것을 정직하게 말하면 결혼생활 중에 무슨 일을 해도 괜찮다고 생각하고 있다. 실제로 그 남편은 몇 번인가 바람을 피웠고 모든 것을 아내에게 알렸다. 아내도 그에 대해 전혀 불만이 없는 것 같았다. 그러나 아내는 나중에 불안증세로 고통을 받게 되었다. 혼자 외출을 할 수 없어 항상 남편이 동행하지 않으면 안 되었다. 그들이 말하는 자유사상도 불안과 공포에 의해 변경되어야 할 것만 같다.

또는 언제나 벽 옆에 서서 벽에 기대고 서 있는 사람도 있다. 이것은 용기가 부족하다는 것, 자립하지 못했다는 사인이다. 이렇게 겁이 많고 내성적인 사람의 인격 원형을 분석해 보자. 한 소년은 매우 소심하고 낯가림이 심했다. 이것은 그가 타인과의 관계를 바라지 않는다는 것을 보여주는 중요한 사인이다. 학교에서도 친구가 없고 항상 학교가 없어지면 좋겠다고 생각했다. 행동도 매우 느렸고 계단을 내려갈 때는 항상 벽을 의지하며 내려갔다. 고개를 푹 숙인 채 걸으며 곧바로 집으로 돌아갔다. 학교가 싫었기 때문에 당연히 성적도 좋지 않았다. 항상 집으로 돌아가고 싶다고 생각했다. 아버지는 이미 죽었고 어머니도 나약한 성격이라 항상 아들을 응석을 받아주었다.

소년을 진찰한 의사는 상황을 좀 더 자세히 알기 위해 어머니에게도 이야기를 들었다. "밤에 잠자리에 드는 것을 싫어하지 않나요?"라고 묻자 어머니는 "아니요."라고 대답했다. "밤에 울지는 않나요?", "아니요.", "잘 때 소변을 보지 않나요?", "아니요."

　의사는 자신의 생각이 틀린 것 같다고 생각하다가 한 가지 생각이 떠올랐다. 소년은 아마도 어머니와 함께 잠을 자고 있을 것이다. 왜 의사는 이런 생각을 하게 되었을까? 밤에 우는 것은 어머니의 관심을 끌기 위한 것이고, 만약 어머니가 함께 잠을 잔다면 울 필요가 없다. 소변도 어머니의 관심을 끄는 수단이다. 실제로 의사의 추측대로 소년은 어머니와 함께 잠을 자고 있었다.

　이렇듯 심리학자는 매우 많은 사소한 사실에 주목하고 일관된 라이프스타일의 전체상을 파악하려 한다. 사람에게는 각자의 목적이 있고 이 소년의 경우에는 어머니와 언제나 함께 있는 것이 목적이었다. 목적을 알게 되면 그 사람에 대해 많은 것을 알 수가 있다. 이 소년의 경우에는 목적을 알게 됨으로써 지적 장애일지도 모른다는 가능성이 배제되었다. 지적 장애라면 그런 목적이 확실한 라이프 플랜을 가질 수 없기 때문이다.

정신적인 태도를
통해 알 수 있는 것

지금까지는 몸의 자세와 행동에 대해 살펴봤지만, 이번에는 정신적 태도에 대해 살펴보자. 공격적이고 지기를 싫어하는 사람이 있는가 하면 바로 항복해 버리는 사람도 있다. 그러나 인간이란 진정한 의미에서 포기할 수가 없다. 포기한다는 것은 인간의 본질에 반하기 때문이다. 정상적인 사람이라면 포기가 불가능하다. 비록 포기하는 것처럼 보이더라도 그렇지 않은 경우보다도 더욱 격투 의지가 있다는 것을 시사하고 있다.

예를 들어 금방 포기하는 성격의 아이가 있다고 하자. 그런 아이는 대부분 가족의 관심을 온몸에 받고 응석을 부리고 있다. 모두가 그 아이를 돌보기 위해 고생하며 허둥거리고 있다. 그 아이는 언제나 타인을 의지하게 되어 주변 사람에게는 짐이 되는 존재이다. 그리고 이것이 그 아이에게 있어 우월성을 달성하는 수단이 된다. 타인에게 의존함으로써 타인을 지배하려 하는 것이다. 당연히 그런 인생의 목적을 가지는 것은 열등 콤플렉스의 반증이다. 그 아이가 스스로 자신감을 가지고 있다면 그렇게 쉬운 방법으로 성공을 달성하려 하지 않았을 것이다.

이 성질이 있는 17살 소년의 예를 들어보자. 그는 장남이었다. 앞에서 살펴봤듯이 첫째 아이는 동생이 태어나면 왕좌에서 내려가야 하는 비극을 경험하게 된다. 이 소년도 그랬다. 기분 침체가 심해 언제나 짜증을 내고 직업도 구하지 못했다. 어느 날, 그는 자살을 시도했다. 그는 곧바로 병원으로 가서 자살을 시도하기 전에 꾸었던 꿈에 대해 말했다. 아버지를 쏘는 꿈이었다. 이 소년처럼 우울증 상태에 활동성이 없는 사람은 머릿속으로 항상 어떤 행동을 취할 가능성이 있다. 공부를 하지 않는 아이와 일하지 않는 어른은 어떤 위험한 행동을 할 가능성이 높다고 생각해도 좋을 것이다. 그들의 태만한 태도는 단순히 보여주기에 불과한 경우가 많다. 그런 사람은 갑자기 자살을 시도하거나 정신 이상을 일으키곤 한다. 그들의 마음 상태를 정확히 파악하는 것은 심리학자에게 매우 어려운 작업이 되는 경우가 많다.

아이의 내성적인 성격도 큰 위험을 내재하고 있다는 사인이 된다. 내성적인 아이는 신중하게 다루지 않으면 안 된다. 빠른 시기에 이런 성격을 고치지 않으면 평생이 수포로 돌아갈 수 있을 것이다. 내성적인 상태로 계속 삶의 쓴맛을 맛보게 된다. 우리가 살고 있는 이 사회에서는 용기가 있는 사람만이 좋은 결과를 내고 좋은 인생을 영위할 수 있게 되어 있기 때문이다. 용기가 있다면 비록 실패하더라도 그다지 풀이 죽지 않지만 내성적인 사람은 괴로워하며 도망쳐 인생의 무익한 길을 선택하고 말 것이다. 내성적인 아이가 그대로 어른이 되면 신경증을 앓거나 정신적 고통을 받기도 한다.

내성적인 아이는 언제나 쭈뼛거리는 어른이 돼 타인이 있으면 말을 더듬거나 전혀 말을 하지 못하기도 한다. 혹은 타인을 완전히 피하게 되는 경우도 있다.

성격은
라이프스타일이
내린 대답

지금까지 살펴본 것 같은 특징은 정신적인 태도이다. 선천적인 성질도 아니고 유전적인 것도 아니다. 단순히 상황에 대한 반응이다. 눈앞에 무언가 문제가 있을 때 그 문제를 어떻게 해결할지는 개인의 라이프스타일에 따라 결정되고, 해석 방법이 개인의 성격이 되는 것이다. 다시 말해 성격은 라이프스타일의 한 대답인 것이다. 물론 언제까지 철학자가 바라는 것 같은 논리적인 대답이 되지는 않는다. 어린 시절의 체험과 실패에 의해 그러한 대답을 하게 된 것이다.

정신적인 태도는 어떤 역할을 하고 있는가, 어떻게 해서 형성되는가를 알고 싶다면 정상적인 어른보다는 아이와 이상이 있는 인간의 정신을 분석하는 것이 알기 쉽다. 앞에서도 봤듯이 형성 과정에 있는 라이프스타일 쪽이 어른이 된 후의 라이프스타일과 비교해서 보다 선명하게 그 특징을 알 수 있기 때문이다. 인격의 원형은 아직 숙성되지 않은 과일과 비교할 수 있을지도 모른다. 성장 과정에서 물, 영양, 공기를 섭취하여 환경에 맞는 모습으로 변해간다. 인격의 원형과 완성된 라이프스타일의 차이는 숙성되지 않은 과일과도 같은 것이다. 인간의 경우 숙성되지 않은 단계가 훨씬 간단하게 그 속을 분석할 수 있고, 숙성된 단계에서 어떻게 될 것인가에 대한 것도 대부분 정확하게 예측할 수 있다.

  예를 들어 겁이 많은 아이의 경우 모든 태도 속에서 겁쟁이 성격을 발견할 수 있다. 겁이 많은 아이와 공격적으로 싸우는 아이 사이에는 큰 차이가 있다. 싸우는 아이에게는 예외 없이 어느 정도의 용기가 있고, 그 용기는 개인 심리학에서 '상식'이라 부르는 것으로부터 자연적으로 발생한다. 그러나 상황에 따라서는 겁이 많은 아이가 영웅적인 행동을 할 때도 있다. 그런 행동이 일어나는 것은 겁이 많은 아이가 의식적으로 제일이 되려고 할 때다. 한 소년의 예를 소개하기로 하자. 이 소년은 수영을 하지 못했지만 어느 날 다른 소년들에게 함께 수영을 가자는 말을 들었다. 물은 깊었고 수영을 할 줄 몰랐던 소년은 익사 직전까지 가고 말았다. 이것은 단순히 무모한 행위이고 진정한 의미에서의 용기가 아니므로 인생에 있어서 무익한 행위이다. 소년이 수영을 하려고 했던 것은 단순히 주변의 인정을 받고 싶었기 때문이다. 때문에 위험을 무시하고 타인의 도움을 기대한 것이다.

운명에
저항할 용기

용기와 겁쟁이의 문제는 운명을 믿는지 아닌지와 깊은 관계가 있다. 운명을 믿는 마음이 유익한 행동을 취하는 능력을 결정하고 있기 때문이다. 예를 들어 큰 우월감을 갖고 자신이 할 수 없는 일은 전혀 없다고 믿고 있는 사람이 있다고 하자. 자신은 뭐든 다 알고 있다고 착각하고 있기 때문에 전혀 배우려 하지 않는다. 그런 사람이 어떻게 될지는 누구라도 상상할 수 있을 것이다. 이것이 어린아이라면 학교 성적이 나빠질 것이다. 그리고 가장 위험한 일을 하고 싶어 하는 타입의 사람도 있다. 자신은 무적이라 질 리가 없다고 믿고 있다. 그리고 대부분의 경우 비참한 결과로 끝나고 만다.

이렇게 '나는 괜찮아.'라는 운명을 믿는 사람은 대부분 인생에서 큰 일을 겪고 그것을 아무 상처 없이 이겨낸 경험이 있다. 예를 들어 심한 사고를 당하고도 죽지 않았다는 경험이다. 그 결과 자신이 살아남았다는 것은 의미가 있다. 자신에게는 훨씬 중요한 역할이 있다고 믿게 된다. 과거 환자 중에 그런 남성이 있었다. 자신은 무적이라고 믿고 있었지만 그 기대에 반하는 경험을 몇 번인가 반복한 끝에 자신감을 잃고 완전히 의기소침해져서 우울증에 걸리고 말았다. 가장 큰 마음의 의지가 사라져버렸기 때문이다.

　이 남성에게 옛 기억에 대해 물어보니 매우 중대한 경험에 대해 말해주었다. 어느 날 빈의 극장에 가려고 했는데 그전에 무언가 일이 생겼다. 그 일을 처리하고 극장에 도착해보니 놀랍게도 극장에 불이 난 것이었다. 이미 다 전소되고 말았지만 그는 살아남았다. 그런 경험을 했기 때문에 무슨 일이 일어나도 괜찮을 거라고 믿는 것도 납득이 갈 것이다. 모든 것이 그렇게 순조롭게 흘러갔지만 결혼생활을 실패한 그의 인생은 확 변해버렸다. 완전히 풀이죽어버린 것이다.

　운명을 믿는 자세는 인생에서 매우 중요한 역할을 하고 있다. 개인뿐만이 아니라 어느 민족과 문명의 전체에도 영향을 끼치는 경우도 있다. 그러나 우리 심리학자가 해야 할 일은 그것이 정신활동과 라이프스타일에 끼치는 영향을 해명하는 것뿐이다. 운명을 믿는 것은 많은 의미에서 단순한 도피다. 인생에 있어 유익한 행위를 지향하고 노력하는 것으로부터 도망친 것이다. 때문에 운명을 믿은 것은 잘못된 '마음의 의지' 라고 할 수 있을 것이다.

질투에
대하여

질투라는 감정은 인간관계에서 가장 흔하게 볼 수 있는 감정 중 하나이자 영향력도 크다. 질투 감정을 갖는 것은 열등감의 표출이다. 물론 누구라도 타인을 부러워하는 것은 있을 것이다. 약간의 질투라면 별 해가 없고 평범한 일이다. 그러나 질투심을 유효하게 이용할 수 있도록 신경을 쓰지 않으면 안 된다. '부럽다.' 라고 하는 마음을 이용하여 더욱 노력하거나 문제와 맞서는 것이 중요하다. 그런 질투심이라면 인생에 있어서 유해하지 않다. 때문에 누구라도 가지고 있는 다소의 질투심은 여기서는 문제 삼지 않기로 하겠다.

그러나 '부럽다.' 가 아니라 '시기심' 이라 느껴지는 질투심은 인생에 있어 무익한 태도로 이어진다. 시기심이 깊은 사람은 아무리 해도 유익한 사람이 될 수 없다.

또한 시기심이라는 감정은 깊이 새겨진 열등감에서 비롯된다. 시기심이 많은 사람은 파트너를 묶어놓을 자신감이 없다. 때문에 파트너에게 어떤 영향력을 행사하고 싶다는 생각이 들었을 때는 항상 질투심을 겉으로 드러내 자신의 나약함을 폭로하게 된다. 그런 사람의 인격 원형을 분석해 보면, '뭔가 빼앗겼다.'라는 원체험(原體驗)이 있다는 것을 알 수 있다. 질투심이 많은 사람은 대부분의 과거에 '왕좌를 빼앗기다.'라는 체험을 하고 있어 다시 같은 체험을 하는 것을 두려워하고 있다.

여성이
남성에게
품는 질투

지금까지는 질투심의 일반적인 문제에 대해 살펴봤지만, 여기서부터는 개별의 예에 대해 생각해 보자. 구체적으로는 여성이 남성에 대해 품는 질투심이다. 남성은 여성보다 사회적으로 높은 지위에 있기 때문에 남성이 되고 싶어 하는 여성이나 소녀가 많다. 이 감정은 충분히 이해할 수 있다. 남성이라는 이유만으로 여성보다 높이 평가되고 존중을 받는다. 이것은 윤리적으로 옳지 않지만 사회풍조이고 고쳐나가지 않으면 안 될 일이다. 이러한 사회에서 자란 소녀는 집안의 상황을 관찰하여 남성과 소년이 훨씬 편안하게 살고 있다는 것을 깨닫는다. 그들은 많은 점에서 훨씬 자유롭다. 소녀들은 자유롭게 사는 남성들을 보고 자신의 역할에 불만을 품다 결국에는 소년처럼 행동하게 된다. 그 행동은 여러 가지 형태로 드러나는데, 예를 들어 사내아이의 옷을 입곤 한다. 소녀의 부모도 남자 옷이 행동하기에 편하다는 이유로 특별히 반대하지 않는다. 소녀가 소년처럼 행동하는 많은 부분은 유익하고 금지할 일은 아닐 것이다. 그러나 그 안에는 무익한 행동도 있는데, 예를 들어 사내아이의 이름으로 불리기를 원하는 것이 이에 해당한다. 그런 소녀는 자신이 정한 사내아이의 이름이 아니라 진짜 이름으로 불리면 정말로 화를 낸다. 이러한 태도가 단순히 놀이가 아닌 마음속에 있는 무언가를 반영하고 있는 것이라면 매우 위험한 징조다. 예를 들어 어른이 된 뒤에도 여성이라는 사실에 불만을 품고 결혼생활에서도 실패할지도 모른다.

여성이 움직이기 편한 옷을 입는 것은 유익한 행위이기 때문에 이것을 비판하는 것은 잘못이다. 많은 점에서 여성이 남성처럼 행동하고 남성처럼 일하는 것은 옳은 일이다. 그러나 여성이라는 성에 불만을 품고 남성의 나쁜 점만을 흉내 내려고 하는 것은 잘못이다.

이 위험한 경향은 사춘기에 드러나는 경우가 많다. 사춘기는 인격의 원형이 오염되는 시기이기도 하기 때문이다. 소녀의 미숙한 정신이 소년이 가진 특권을 질투하고 소년의 흉내를 내게 된다. 이 또한 우월 콤플렉스의 한 형태이자 올바른 발달로부터의 도피이기도 하다.

앞에서도 말했듯이 소녀의 이러한 태도는 연애와 결혼에 있어 큰 장해가 된다. 단, 이 경향을 가진 소녀도 결혼하기 싫은 것은 아니다. 이 사회에서는 결혼하지 않는 것은 실패로 치부하기 때문이다. 때문에 결혼에 흥미가 없는 소녀라도 결혼하고 싶다고 생각한다.

비록 남녀평등을 믿고 있더라도 여성이 '남성이 된다.'는 것을 지향하는 것에 이의를 제기하지 않으면 안 된다. 성의 평등은 모든 면에서 자연스러운 모습에서 일탈하지 않고 달성해야 한다. '남성이 된다.'라고 하는 형태의 저항은 현실에 대한 맹목적인 반란이고, 따라서 우월 콤플렉스의 일종이라 여겨진다. 실제로 남자가 되겠다는 저항심은 여러 성기능에 악영향을 끼친다. 많은 심각한 증상으로 이어져 그 기원을 거슬러 올라가 보면 대부분 어린 시절에 이르게 된다.

소녀가 되고
싶어 하는
소년

소년이 되고 싶어 하는 소녀만큼은 아니지만, 소녀가 되고 싶어 하는 소년도 존재한다. 그들이 되고 싶은 것은 평범한 소녀가 아니라 과도하게 이성을 유혹하는 소녀이다. 그들은 화장을 하거나 머리를 기르고 옷에 꽃을 꽂는 등, 바람기 있는 소녀처럼 행동한다. 이 또한 우월 콤플렉스의 한 형태라고 할 수 있을 것이다.

이런 케이스를 분석하면 여성이 권력을 쥐고 있는 환경에서 자란 소년인 경우가 많다는 것을 알 수 있다. 여성의 권력이 세기 때문에 소년은 아버지가 아니라 어머니 흉내를 내며 자랐다.

우리 병원에 성(性)으로 고민하며 진찰을 받으러 온 소년이 있었다. 그는 항상 어머니와 함께했다고 한다. 아버지는 거의 집안에 없는 상태였다. 어머니는 결혼 전에 재봉 일을 하고 있었고 결혼 뒤에도 어느 정도 그 일을 계속하였다. 소년은 항상 어머니 곁에 있었기 때문에 어머니가 만드는 레이스에 흥미를 갖게 되었다. 자신도 재봉을 시작해 여성용 드레스 디자인을 그리게 되었다. 어머니는 항상 4시에 외출했다 5시에 돌아왔기 때문에 소년은 4살 때부터 어머니의 행동으로 시간을 알 수 있었다고 한다. 이 사실을 보더라도 그가 얼마나 어머니에게 흥미를 갖고 있었는지를 알 수 있을 것이다. 어머니가 돌아오기를 항상 기다리고 있었기 때문에 시간을 보는 방법을 깨우쳐 버린 것이다.

그리고 학교에 들어가자 소녀처럼 행동하게 되었다. 스포츠나 게임에는 전혀 참여하지 않았다. 다른 소년들은 그를 놀리며 그에게 키스를 하기도 했다. 이 무렵의 소년은 여자아이 같은 소년에게 이런 행동을 취하는 경우가 많다. 어느 날, 학교에서 연극을 상연하게 되자 그 소년은 여자 역할을 하게 되었다. 그의 연기는 매우 훌륭해서 관객들의 대다수는 정말로 여자아이라고 믿을 정도였다. 객석에 있던 남성 한 명이 소년에게 사랑에 빠질 정도였다. 그러자 소년은 자신이 남자로서는 인정을 받지 못하지만 여자라면 이렇게까지 인정을 받을 수 있다는 것을 깨달았다. 이 일이 계기가 되어 그는 나중에도 성에 관한 문제를 품게 된 것이다.

7장

꿈과
그 해석

오랫동안 이어지는 꿈의 경우에는 본인이 아직 준비되지 않았다고 생각할 수 있을 것이다. 문제와 목적의 달성 사이에 다리를 놓으려고 하는 단계이다.

All travelling becomes dull in exact proportion to its rapidity.
모든 여행은 그 속도에 비례해 따분해진다.
John Ruskin(영국의 미술 비평가, 사회 사상가)

꿈을 통해 무의식을 읽는다

개인 심리학에서는 의식과 무의식이 함께 하나의 전체를 형성하고 있다고 생각한다. 그 점에 대해서는 지금까지 몇 번이고 말한 적이 있다. 앞의 두 장에서는 '의식'의 부분이 되는 '기억, 태도, 행동'의 해석에 대해 살펴봤지만, 이 장부터는 같은 방법을 이용해서 무의식(또는 반의식)의 부분에 해당하는 '꿈'을 해석하려 한다. 꿈의 해석에서도 마찬가지 방법을 이용하는 것은 꿈 또한 인간의 전체를 구성하는 요소이며 눈을 떴을 때의 행동과 마찬가지로 중요성이 있기 때문이다. 심리학의 다른 학파에서는 항상 꿈에 대한 새로운 견해를 모색하고 있지만 우리 개인 심리학자는 꿈 또한 정신의 작용과 표현을 구성하는 중요한 일부분이라 생각한다.

이미 살펴봤던 것처럼 인간의 의식이 있을 때의 언행은 우월성을 지향한다는 목적에 의해 결정되고 있다. 이 점은 꿈도 마찬가지다. 꿈은 언제라도 그 사람의 라이프스타일의 일부이자 그 핵심에는 인격의 원형이 존재한다. 오히려 한 원형에서 한 꿈이 만들어지는 과정을 이해하지 않는다면 진정한 의미에서의 꿈을 해석하였다고 할 수 없을 것이다. 거기에 덧붙여 자신이 잘 알고 있는 사람이라면 그 사람의 꿈의 성질을 거의 정확하게 추측할 수 있을 것이다.

예를 들어 '인류는 전체로서 매우 겁쟁이다.' 라고 하는 사실에 대하여 생각해보자. 이 일반적인 이해로부터 인간이 가장 많이 꾸는 꿈은 공포와 위험, 불안의 꿈이라는 것을 추측할 수 있다. 때문에 인생의 과제로부터 도망치려는 경향이 있는 사람이라면 아마도 '떨어지는 꿈' 을 많이 꿀 것이다. 이러한 꿈은 '더 이상 앞으로 가서는 안 된다. 반드시 실패한다.' 라는 경고 역할을 하고 있다. 이 인물은 자신의 장래에 대한 전망을 '떨어진다.' 라고 하는 동작으로 표현하고 있는 것이다. 실제로 떨어지는 꿈을 꾼 사람은 많다.

구체적으로 예를 들자면, 시험 전 학생이 꾸는 꿈이 그 좋은 예이다. 그 학생이 무슨 일이든 쉽게 포기하는 성격이라고 하자. 그가 시험 전 하루를 어떻게 보낼지는 쉽게 상상할 수 있을 것이다. 아침부터 밤까지 불안해하며 집중하지 못하다 결국 '시간이 너무 없어.' 라는 말을 중얼거릴 것이다. 시험을 더 뒤로 미루고 싶은 것이다. 그리고 그는 떨어지는 꿈을 꾼다. 이 꿈 속에 그의 라이프스타일이 표현되었다고 해도 좋을 것이다. 그가 목적을 달성하기 위해서는 이러한 꿈을 꿀 수밖에 없기 때문이다.

이번에는 다른 학생에 대해 생각해보자. 그는 열심히 공부를 하고 있어 성적도 오르고 있다. 용기가 있고 시험을 두려워하지 않는다. 도망칠 구실을 찾지 않는다. 그리고 시험 전날 밤에 높은 산에 오르는 꿈을 꾼다. 산 정상에서 아름다움 광경에 감탄하며 잠에서 깬다. 이것이 그의 라이프스타일로 이 속에 무언가를 달성하고 싶다는 목적을 느낄 수 있다.

또는 한계에 부딪힌 사람도 있을 것이다. 어느 정도까지는 전진하지만 그 앞으로는 가지 못하는 사람이다. 그 사람은 한계에 대한 꿈을 꾼다. 사람과 곤란으로부터 벗어나지 못하는 꿈을 꾼다. 무언가로부터 쫓기는 꿈을 꾸는 경우가 많다.

다음 타입의 꿈으로 나가기 전에 여기서 확인하고 싶은 것이 있다. 환자 중에는 "기억이 나지 않아 말할 수 없습니다. 하지만 이야기를 만들어낼 수는 있습니다."라고 말하는 사람이 있는데, 심리학자에게는 그래도 상관이 없다. 진짜 꿈이든 지어낸 이야기든 간에 그 사람의 라이프스타일에서 비롯된다는 점은 마찬가지이기 때문이다. 상상의 세계 또한 그 사람의 라이프스타일을 표현하고 있다.

어떤 사람의 상상의 세계가 현실의 세계와 완전히 다르더라도 상상의 세계로부터 라이프스타일을 읽어내는 것은 가능하다. 예를 들어 현실에서 도피해 언제나 상상의 세계 속에서 살고 있는 사람이 있다고 하자. 그 사람은 아마도 깨어 있는 동안에는 겁쟁이지만 꿈속에서는 매우 용감해질 것이다. 그러나 그 사람을 잘 관찰해 보면 용기가 없고 무슨 일이든 끝까지 해내지 못하는 성격 등을 드러내는 사인을 발견할 수 있다. 비록 용감한 꿈의 세계라고 할지라도 그러한 성격은 반드시 드러나 있다.

꿈을 통해
미래를 예측한다

꿈의 목적은 예외 없이 우월성이라는 목적을 달성하기 위한 길을 정비하는 것이다. 어떤 사람의 모든 질서, 행동, 꿈은 자신의 가장 큰 목적을 달성하기 위한 훈련이다. 그 목적은 어쩌면 모두의 주목을 받는 것일지도 모르고, 지배자가 되는 것일지도 모르고, 혹은 도망치는 것일지도 모른다.

꿈의 목적은 윤리적으로 표현되지도 않고, 정직하게 표현되지도 않는다. 꿈이 존재하는 것은 어떤 특정한 감정과 기분을 만들어내기 위한 것으로 꿈의 애매함을 모두 해명하는 것은 불가능하다. 그러나 꿈과 각성 시는 분명 다른 것이기는 하지만 정도의 차이가 있을 뿐 종류가 다른 것은 아니다. 앞에서 살펴봤듯이 인생의 문제에 정신이 어떻게 대답할 것인가 하는 것은 그 사람의 라이프스타일과 관계가 있다. 이미 확립된 윤리적 틀에는 맞지 않지만 우리 개인 심리학자는 사회적인 교류를 촉진

한다는 목적에서 정신의 활동을 보다 윤리적으로 해석하는 것을 지향하고 있다. 각성 시를 '절대적인 것'으로 다루는 것을 그만두면 꿈도 수수께끼의 존재가 아닐 것이다. 꿈도 각성 시도 똑같이 '상대적인 것'을 표현하고 있는 것이고 똑같이 사실과 감정이 얽혀 있다.

역사를 펼쳐보면 태고의 인류에게 있어서 꿈이란 항상 신비적인 존재이자 예언으로서의 역할을 다하고 있었다는 것을 알 수 있다. 꿈이 예언이라는 해석은 반은 맞다 할 수 있다. 실제로 꿈은 꿈을 보는 사람이 직면하고 있는 문제와 달성하고 싶은 목적을 이어주고 있기 때문이다. 때문에 많은 꿈은 실현하게 된다. 꿈을 꾸면서 예행연습을 하는 것과 같은 것으로 실현을 향해 본인의 준비가 이루어지기 때문이다.

이것을 다른 표현으로 설명하자면 꿈속에서도 각성 시와 마찬가지로 미래를 예견하는 힌트가 있다는 것이다. 감성이 예민하고 지성을 겸비한 사람이라면 자신의 각성 시를 분석하는 방법에서도, 꿈을 분석하는 방법에서도 미래를 예측할 수 있다. 이것은 진단과 마찬가지다. 예를 들어 지인이 죽는다는 꿈을 꾼 뒤 그 지인이 실제로 죽었다고 하자. 그 지인의 가족이나 담당 의사라면 이것은 충분히 예견할 수 있는 죽음이었다. 다시 말해 이 꿈을 꾼 사람은 일어나 있을 때가 아니라 자고 있을 때 사고를 하고 있었다는 것이다.

꿈에는 예언의 기능이 있다고 여겨지고 있으며 실제로 어느 정도까지는 맞고 있다. 그렇기 때문에 흔히 말하는 '예지몽'이라는 것은 미신에 불과한 것이다. 일반적으로 미신이 깊은 사람이 예지몽을 믿는 경향이 강하다. 아니면 자신이 예언자라고 주장하기 위해 꿈의 힘을 이용하고 있을 뿐이다.

예지몽이라는 미신과 꿈에 관련된 신비성의 비밀을 풀기 위해서는 대부분의 사람이 자신의 꿈을 이해하지 못하는 이유를 설명할 필요가 있을 것이다. 애초에 일어나 있을 때도 자신에 대해 이해하고 있는 사람은 거의 없다. 자신을 돌아보고 객관석으로 분석할 수 있다면 자신이 어디를 향하고 있는지를 알 수 있지만, 그것이 가능한 사람은 극히 한정돼 있다. 그리고 이미 살펴봤듯이 꿈의 분석은 각성 시의 분석보다도 복잡하고 해답이 확실하지 않다. 그렇게 생각해 볼 때 대부분의 사람이 꿈을 제대로 분석할 능력을 갖지 못하는 것도 당연할 것이다. 그리고 무지로 인해 꿈 점과 같은 거짓을 믿어버리는 것이다.

꿈은 마음속에서 창조된다

꿈의 이론을 이해하기 위해서는 꿈과 일반적인 각성 시를 직접 비교하는 것이 아니라 개인의 착각이 형상화 된 것으로서의 현상과 비교해 보면 좋을 것이다. 이 현상에 대해서는 범죄자, 문제아, 신경증 환자 등의 분석으로 이미 살펴봤으니 독자 또한 기억하고 있을 것이다. 그들은 어떤 것을 진짜라고 믿으려고 하기 때문에 어떤 종류의 감정, 기질, 기분 등을 만들어내고 있다. 예를 들어 살인자라면 "이 인물에게 살 곳이 없었다. 그래서 내가 죽여줬다."라고 말하며 자신의 행위를 정당화하려 한다. '살 곳이 없다.' 라고 하는 착각을 강조해 어떤 종류의 감정을 자신 속에서 만들어냄으로써 살인이라는 행위를 위한 준비를 갖춘 것이다.

또는 질투심이 많은 사람이라면 아무개가 좋은 바지를 가지고 있지

165

만 본인은 가지고 있지 않다는 상황을 중시해 상대방을 시기하게 된다. 그리고 좋은 바지를 손에 넣음으로써 우월성이라는 목적을 달성하려 한다. 꿈속에서 어떤 종류의 감정을 만들어내 목적을 달성하는 것을 지향한다. 실제로 유명한 꿈속에서 그런 경향을 볼 수 있을 것이다. 예를 들어 성경에 등장하는 요셉의 꿈이 그렇다. 요셉은 온갖 것들이 자신의 앞에서 넙죽 엎드리는 꿈을 꾸었다. 실제로 요셉은 아버지의 깊은 사랑을 받아 자신만 화려한 외투를 받아 형제들의 원한을 사 박해를 받게 되었다.

그리고 고대 그리스 시인 시모니데스에게도 유명한 꿈이 있다. 시모니데스는 소아시아에 초대를 받아 강연을 하게 되었다. 그러나 그는 도저히 가고 싶은 마음이 들지 않아 배를 항구에 대기시킨 채 계속 미루고 있었다. 친구들은 어떻게 해서든 그를 설득하려 했지만 모두 허사였다. 그때 시모니데스는 꿈을 꾸었다. 이전에 숲에서 발견한 죽은 사내가 나타나 "당신은 숲속에서 내 시체를 매우 정중하게 다뤄주었기 때문에 반드시 전하고 싶은 것이 있습니다. 소아시아에 가면 안 됩니다."라고 했다. 시모니데스는 눈을 뜨자마자 "나는 안 갈 거야."라고 선언했다. 그러나 그는 그 꿈을 꾸기 전부터 가고 싶지 않다는 생각을 했다. 그의 마음은 이미 결정을 했고, 꿈은 단지 그 결심을 뒷받침해주는 감정을 만들어내는 역할을 했을 뿐이다(그 자신은 자신의 꿈을 이해하지 못했지만.).

자신을 속이기 위해 특정 환상을 만들어 내거나 그 환상에서 원했던 대로의 감정을 만들어 낸다. 이것이 대부분 꿈의 정체이다.

시모니데스의 꿈에서는 꿈을 해석할 순서도 해석할 수도 있다. 첫째, 꿈이란 그 꿈을 꾸는 사람의 창조적인 힘의 일부라고 하는 것을 이해하지 않으면 안 된다. 시모니데스도 꿈속에서 숲에서 시체를 발견했다는 경험을 골라 자신의 상상력을 발휘해 그 뒤 이야기를 만들었다. 왜 이 시인은 여러 경험 중에서 이 사건을 고른 것일까? 당연히 그것은 그가 '죽음'에 대한 것으로 머리가 가득 찼기 때문이고, 그것은 왜냐하면 배를 타고 멀리 가는 것에 불안을 느꼈기 때문이다. 당시 배를 타고 여행하는 것은 위험이 따르는 것이기 때문에 그는 주저했던 것이다. 단지 배 멀미를 걱정한 것이 아니라 침몰할 것을 두려워했을 것이다. 이 걱정이 머릿속에 있었기 때문에 숲의 시체라는 에피소드를 꿈속에서 고른 것이다.

꿈을 이렇게 이해하면 꿈을 해석하는 일도 그리 어려운 일이 아닐 것이다. 꿈속에 등장하는 장면, 기억, 상상 등은 이미 그 사람의 마음속에서 정해져 있다는 것을 뒷받침하는 역할을 다하고 있는 것이다. 꿈의 내용을 보면 그 사람의 경향을 알 수 있고 더 나아가 그 사람이 달성하고 싶은 목적을 알 수 있다.

꿈에
드러나는
바람

여기서 한 결혼한 남성의 꿈에 대해 생각해 보자. 그는 가정생활에 만족하지 못했다. 자식은 둘이 있었지만 아내가 육아에 열심이지 않은 것이 항상 걱정이었다. 그 때문에 항상 아내를 비판하며 아내를 바꾸려 했다. 그러던 어느 날 밤, 그는 셋째 아이가 태어나는 꿈을 꾸었다. 그 아이는 행방불명이 되어 발견되지 않았다. 그래서 그는 조심스럽지 못해 아이를 잃은 아내를 문책했다.

이 꿈을 통해 그의 경향을 살펴볼 수 있을 것이다. 그는 평소부터 두 아이 중 누군가가 사라지는 것을 걱정하고 있었지만, 꿈속에서 실제로 그런 사건을 일으킬 용기가 없었다. 그래서 셋째 아이를 만들어냈고, 그 아이가 사라진다는 시나리오를 만들어낸 것이다.

이 꿈에서 또 한 가지 알 수 있는 것은 그가 자신의 자식을 사랑하고 있기 때문에 잃고 싶지 않아 한다는 것이다. 그리고 아내가 두 명의 자식만으로도 힘들고 셋째까지 돌볼 여력이 없다고 생각하고 있다. 셋째가 태어나더라도 죽을 것임이 틀림이 없다. 또한 이 꿈의 또 한 가지 가치를 엿볼 수 있을 것이다. 다시 말해 이 남성은 셋째를 낳아야 할지 고민하고 있다는 것이다.

이 꿈이 실제로 한 역할은 그의 마음속에 아내에 반하는 감정을 만들어내고 있다는 것이다. 현실적으로는 자식이 사라진 것은 아니지만 눈을 뜬 그는 아내에 대한 반감을 갖고 있다. 이렇듯 아침에 일어나자마자 곧바로 기분이 언짢은 것은 꿈에 의해 만들어진 감정의 결과인 경우가 많다. 이것을 비유하자면 술에 취한 것과 같은 상태로 우울증과도 비슷하다. 우울증 역시 패배, 죽음, 상실이라는 개념에 취한 상태이기 때문이다.

또한 이 꿈으로는 자신이 절대적으로 우위에 설 수 있는 사건만을 선택하고 있다는 것도 알 수 있다. 이 남성은 자식에 대한 관심이라는 점에 있어 아내보다 우월감을 갖고 있다. '나는 자식들을 걱정하고 있지만 아내는 다르다. 아내 때문에 자식 하나를 잃었다.'고 생각하고 있다. 다시 말해 이 꿈을 통해 그의 '우위에 서고 싶다.'라는 경향도 읽을 수 있다.

꿈의 해석에
공식은 없다

　꿈을 해석하는 근대적 수법이 확립된 것은 지금으로부터 25년 정도 전의 일이다. 예를 들어 프로이트는 꿈의 역할은 유아기의 성적 욕구를 채우는 것이라고 생각했다. 그러나 우리 개인 심리학은 이 생각에 동의하지 않는다. 만약 꿈이 성적 욕구를 충족시키기 위해 존재한다면 모든 것이 '욕구를 충족시키기 위해'라는 해석이 되고 만다. 모든 사고는 꿈과 마찬가지로 잠재의식의 깊은 곳에서 발생하여 현재(顯在)의식으로 올라오는 작용을 한다. 다시 말해 '성적 욕구를 충족시킨다.'라고 하는 공식은 결국 아무런 설명도 하지 않은 것이 된다.

　그 후 프로이트는 꿈에는 '죽음에 대한 욕구'도 포함돼 있다고 주장하고 있다. 그러나 예를 들어 앞서 등장한 남성의 꿈은 이 공식으로는 설명할 수 없을 것이다. 그는 자식의 죽음을 바라고 있지 않기 때문이다.

　다시 말해 꿈 해석에는 어떤 특정한 공식은 존재하지 않는다는 것이다. 지금까지 살펴본 것처럼 현실 세계의 통일성과 꿈에는 감정을 만들어내는 힘이 있다는 사고방식은 분명히 존재하지만 그뿐이다. 꿈은 어떤 감정을 환기시키고 그 감정에 자신이 속는 것이지만, 그것은 주로 비교와 비유로 표현된다. 비교를 이용하는 것은 자신과 타인을 속이는데 최적의 방법 중의 하나이다. 비교를 이용하는 것은 현실과 이론으로는 설득할 자신이 없기 때문이라고 판단할 수 있다. 갑자기 비교를 이용해 상대에게 영향을 끼치려 하는 것이다.

시인조차도 독자를 속이고 있지만, 그것은 기분이 좋은 거짓말이고 독자도 시적 비유와 비교를 즐기고 있다. 단, 시적 언어는 보통의 언어보다 감정에 호소하는 힘이 강하다. 예를 들어 호메로스가 그리스 병사가 사자처럼 대지를 달리고 있다는 비유를 썼다고 하자. 제대로 된 사고를 갖고 있다면 이 말에 속지 않겠지만 시적 기분이 있다면 이 말에 의해 어떤 영향을 받게 된다. 이 말을 이용한 시인에게는 경이적인 힘이 있을 것이라 믿게 한다. 만약 호메로스가 그냥 병사의 옷이나 무기를 사실적으로 묘사했다면 그 말은 그다지 큰 영향력이 없을 것이다.

이것은 평범한 사람의 경우도 마찬가지다. 우리는 누군가를 설득하려 하고 있고 그것이 어렵다는 것을 알면 비유를 이용하여 설명하려 한다. 앞에서도 말했듯이 비교를 사용하는 것은 자신을 속이는 것이고 때문에 꿈속에 빈번하게 등장하는 것이다. 꿈에 등장하는 그림과 이미지는 예술적으로 자신을 도취시킨다고 해도 좋을 것이다.

꿈을 꾸지 않는 사람이 있는 것은 왜일까

흥미롭게도 꿈은 감정에 영향을 끼친다는 사실을 통해 꿈을 꾸지 않는 방법을 고안할 수도 있다. 자신이 어떤 꿈을 꾸고 있는지를 이해하고 자신이 감정적 도취 상태라는 것을 자각하고 있다면, 꿈을 꾸지 않게 할 수도 있다. 꿈의 정체를 알게 되면 더 이상 꿈을 꿀 의미가 없어진다. 적어도 지금 이 책을 쓰고 있는 필자는 꿈의 의미를 자각함과 동시에 실제로 꿈을 꾸지 않게 되었다.

어쩌면 이 자각이 효력을 발휘하기 위해서는 완전한 감정의 전환이 필요할지도 모른다. 필자의 경우에는 마지막 꿈을 꾸었을 때 그런 상황이 일어났다. 그 꿈을 꾼 것은 전쟁 중이었다. 당시 나는 자신의 직무를 다하기 위해 한 인물이 위험한 전선으로 보내지지 않게 하기 위해 최선을 다했다. 그리고 꿈속에서 '누군가를 죽였다.' 는 감정을 느꼈지만 누구를 죽였는지는 모르겠다. 나는 죄책감에 사로잡혀 '대체 누구를 죽인 걸까?' 하고 고민했다. 그러나 실제로 나는 단지 '그 병사를 안전한 곳으로 옮겨 죽음을 피할 수 있게 최선을 다하는 자신'이라는 생각에 취해 있었을 뿐이었다. 꿈에서 비롯된 감정은 이 생각에 부채질을 하는 역할을 하고 있지만, 꿈은 자신을 속이기 위한 것이라는 사실을 깨달은 나는 완전히 꿈을 꾸지 않게 되었다. 자신이 한 일, 하고 싶지 않은 것은 논리적으로 판단할 수 있으므로 꿈을 통해 자신을 속일 필요가 없기 때문이다.

이상의 것은 '왜 꿈을 전혀 꾸지 않는 사람이 있는 걸까?'라는 흔한 질문에 대답이 될지도 모르겠다. 꿈을 꾸지 않는 것은 자신을 속이고 싶지 않은 사람들이다. 그들은 논리적이고 활동적으로 문제를 정면으로 마주할 각오가 돼 있다. 꿈을 꾸더라도 금방 잊어버리기 때문에 본인은 꿈을 꾸지 않는다고 생각하고 있다.

또는 인간은 항상 꿈을 꾸고 있지만 꾼 꿈의 대부분을 기억하지 못한다는 설도 있다. 그 설이 옳다면 꿈을 전혀 꾸지 않는 사람이 있다는 사실에 대해서도 수정할 필요가 있을 것이다. 그들도 꿈을 꾸고 있지만 꾼 꿈을 항상 잊어버리는 것이 된다. 그러나 필자는 이 생각에 동의하지 않는다. 전혀 꿈을 꾸지 않는 사람과 꿈을 꾸더라도 기억을 하지 못하는 사람 둘 다 존재한다고 생각한다. 이런 토론의 성질을 생각해 볼 때, 확고한 반론을 제공하는 것은 어렵지만 '누구나 꿈을 꾸지만 잊어버린다.'고 하는 설을 주장하는 사람들이 증명의 의무를 지어야 할 것이다.

반복해서
꾸는 꿈

사람은 왜 같은 꿈을 몇 번이고 반복해서 꿀까? 이것은 분명 흥미로운 현상이지만 확실한 답은 존재하지 않는다. 하지만 몇 번이고 반복된 꿈속에서 그 사람의 라이프스타일을 보다 명확하게 확인할 수 있다. 그 사람의 우월성의 목적이 어디에 있는지를 확실하게 가르쳐 주는 것이다.

예를 들어 오랫동안 이어지는 꿈의 경우에는 본인이 아직 준비되지 않았다고 생각할 수 있을 것이다. 문제와 목적의 달성 사이에 다리를 놓으려고 하는 단계이다. 때문에 분석에 가장 적절한 꿈은 짧은 꿈이 된다. 단 하나의 이미지와 두세 마디의 말밖에 나오지 않는 꿈도 있고, 그런 꿈을 꾸는 것은 자신을 빠르고 쉽게 속이기 위한 방법을 찾고 있기 때문이다.

사람은 잠을 자고 있어도 각성(覺醒)하고 있다

　마지막으로 잠에 대한 문제에 대해 생각해 보자. 매우 많은 사람들이 수면 때문에 불필요한 고민을 하고 있다. 그들은 잠이 각성의 반대라 여기기 때문에 '죽음의 형제'라고 하는 표현까지 한다. 그러나 이것은 잘못된 생각이다. 잠은 각성의 반대가 아니라 오히려 각성의 한 상태이다. 자고 있을 때도 살아 있는 상태에서 벗어난 것이 아니다. 자고 있을 때도 머리를 써 생각하고 듣고 있다. 같은 사람이라면 자고 있을 때도 깨어 있을 때와 마찬가지 성격의 경향을 띤다. 그렇기 때문에 많은 어머니들은 외부의 소음으로는 전혀 깨지 않지만 아기가 약간만 움직여도 곧바로 잠에서 깨는 것이다. 어머니는 자고 있을 때도 아기에게 관심을 가지고 있다. 또한 자고 있는 동안에 침대에서 떨어지지 않는 것도 침대 끝을 확실하게 인식하고 있기 때문이다.

자고 있을 때도 각성 시에도 같은 사람이라면 같은 인격이 드러나고 있다. 최면술이라는 현상도 이것으로 해명할 수 있다. 최면술은 언뜻 보기에 마치 마술과도 같지만 실제로는 잠의 한 형태에 지나지 않는다. 단, 이것은 자고 있는 사람이 명령을 따르고 싶다고 생각하고 있고, 게다가 상대가 자신을 재우고 싶어 하고 있다고 자각하고 있는 수면이다. 이와 똑같은 현상을 보다 간단한 형태로 하면, 예를 들어 부모가 아이에게 '이제 자라!'고 말하고 아이가 그 말을 따르는 것과 같은 케이스다. 최면술 또한 결과가 나오기 위해서는 상대가 순종할 필요가 있다. 최면술이 얼마나 성공할 수 있을지는 상대의 순종 정도에 따라 결정된다.

최면술을 사용하면 장면과 사고, 기억 등을 상대에게 만들어내게 할 수 있다. 이것은 상대가 깨어 있으면 저항이 있어 불가능한 일이다. 여기서 필요한 것은 상대가 명령에 따르는 것뿐이다. 최면술을 사용하면 본인은 잊고 있던 옛 기억이 되살아나고 그것이 어떤 해결책을 제공해 줄지도 모른다.

그러나 최면술을 정신과 치료로 사용하는 데는 위험도 있다. 필자는 최면술을 좋아하지 않아 환자가 이 방법밖에 신용하지 않을 때만 사용한다. 최면술에 걸린 사람은 대부분 원한이 커진다. 처음에는 곤란을 이겨내지만 근본적인 라이프스타일은 그리 변하지 않는다. 이것은 투약과 기계적 방법과 비슷하다고 할 수 있을 것이다. 환자의 본질에 다가갈 수 없기 때문이다. 정신과 의사가 반드시 해야 하는 것은 환자에게 용기와 자신감을 심어주고 자신의 잘못을 똑바로 이해하게 해주는 것이다. 최면술에는 그런 힘이 없기 때문에 극히 드문 케이스를 제외한다면 역시 쓰지 않는 것이 좋을 것이다.

8장

문제가 있는
아이와 교육

심리학이 생각하는 교육의 첫 번째
목적은 아이를 사회에 적응시키는
것이다. 그리고 아이의 사회성을
키워주기 위해서는 가정교육보다
학교교육이 더 적합하다.

It is in your moments of decision that your destiny is shaped.
운명이 결정되는 것은 당신이 결단을 내리는 순간이다.
Anthony Robbins (미국의 자기계발 작가, 코치, 강연가)

교육에는
심리학의
지식이 필요

아이의 교육을 어떻게 하는 것이 좋을까? 이것은 현대 사회에서 가장 중요한 문제이자 개인 심리학이 큰 공헌을 해온 분야이다. 가정교육에서도, 학교교육에서도 그 목적은 아이들 각자의 개성을 이끌어내 올바른 방향으로 인도하는 것이다. 그러기 위해 적절한 교육의 기술에는 심리학 지식이 필요하다. 아니, 모든 교육은 '살아가는 기술'이라는 심리학의 한 분야라고 할 수 있을 것이다.

우선은 기본에 대해 알아보자. 교육의 대원칙은 어른이 된 뒤에 인생과 모순되지 않은 사항을 가르치지 않으면 안 된다는 것이다. 그것은 쉽게 말해서 국가의 이상과 모순되지 않은 가르침이 된다. 국가의 이상을 바탕으로 아이들을 교육하지 않는다면 어른이 된 후의 인생에서 고생을 하게 하는 것이 될 것이다. 사회의 일원으로서 주변과 적응하는 것이 불가능하기 때문이다.

물론 국가의 이상은 변화한다. 혁명 등으로 갑자기 변하는 경우가 있는가 하면 사회의 진보에 따라 서서히 변하기도 한다. 그러나 교육자라면 큰 틀에시의 이상을 항상 염두에 두는 것이 중요하다. 그것은 어느 시대나 변하지 않는 이상이고 상황이 변하더라도 사회에 적응하는 데 도움을 줄 수 있는 것이 이상이어야 한다.

국가의
이상과
학교교육

학교가 사회의 이념을 가르치는 장이 된 것은 당연히 정부가 학교에 영향을 끼치고 있기 때문이다. 정부가 직접 부모와 가족과 접촉하지는 않지만 정부는 학교를 감독하고 있다.

역사를 되돌아보면 학교에서 가르치는 이상은 시대에 따라 변해왔다는 것을 알 수 있다. 예를 들어 유럽에서 학교는 먼저 귀족 자식을 교육하기 위해 설립되었다. 때문에 학교 자체도 귀족의 가치관을 갖고 학생도 귀족 출신자뿐이었다. 그 이후 교육의 주체가 교회로 바뀌어 종교 교육이 주로 이루어지게 되었다. 교사가 될 수 있는 것은 성직자뿐이었다. 이윽고 사회가 다시 변화하여 국민이 보다 폭넓은 지식을 익힐 필요성이 요구되었다. 가르치는 과목이 늘어나고 성직자뿐만이 아니라 교사의 수도 부족하게 되었다. 때문에 성직자 이외의 교사가 되는 사람이 나오게

됐다.

전문 '교사'라고 하는 직업이 탄생한 것은 최근의 일이다. 이전까지의 교사는 대부분 다른 직업과 겸업을 하였으며 구두장인, 재단사 등이 교사로 일하기도 했다. 그들이 할 수 있는 것은 채찍을 휘둘러 강제로 입력시키는 교육 방식이었다. 그들이 가르치고 있는 학교에서는 아이들의 심리적 문제까지 해결할 수는 없을 것이다.

유럽에서 새로운 교육을 시작한 것은 요한 하인리히 페스탈로치라는 인물이었다. 페스탈로치는 채찍과 벌을 쓰지 않는 교육을 처음으로 도입했다.

페스탈로치의 공적은 학교 교육에 있어서 '가르치는 법'의 중요성을 증명한 것이다. 제대로 된 교육을 한다면 어떤 아이라도(지능이 정상이라면) 읽고, 쓰고, 노래하고, 계산하는 등의 능력을 익힐 수 있다. 물론 최상의 교육법은 아직 발견되지 않았고, 오히려 그 목적을 향해 영원히 진보해 나갈 것이다. '올바른'의 개념과 마찬가지로 교육법에 대해서도 항상 새롭고 보다 나은 것을 추구하고 있는 것이다.

유럽에서의 학교 교육의 역사로 다시 돌아가자. 여기서 주의해야 할 것은 어느 정도의 교육법이 확립된 뒤 읽기, 쓰기, 계산 능력을 갖추고 자신의 머리로 판단할 수 있는 노동자가 대량으로 필요해졌다는 것이다. 당시 '모든 아이를 학교로'라는 슬로건이 등장하였고, 현재는 그것이 당연하게 되었다. 누구나 교육을 받을 수 있게 된 것은 경제적 요구 결과이자 또한 그 경제적 요구에서 비롯된 이상(理想)의 결과이기도 하다.

과거 유럽에서는 귀족만이 사회에 대한 영향력을 갖고 있었다. 필요한 인재도 공무원과 노동자뿐이었고 높은 지위를 지향하는 사람만이 학교에 갔으면, 그 외의 사람은 전혀 교육을 받을 수 없었다. 당시 국가의 이상에 맞는 교육 방침이라고 할 수 있다. 현재는 국가의 이상이 새롭게 바뀌어 교육 방식도 그에 따라 변화되었다. 아이들이 점잖게 의자에 앉아 묵묵히 교사의 이야기를 듣는 식의 교육은 이제 끝났다. 현대 학교에서는 교사와 아이는 친구와 같은 관계가 되었다. 위에서 억누르는 교육은 더 이상 적용되지 않는다. 아이들은 그냥 교사의 말을 따르는 것이 아니라 보다 자립심을 발휘할 수 있게 되었다. 당연히 그러한 학교는 민주적인 미국에 더 많이 존재한다. 교육은 국가의 이상에 맞춰 발전하고, 국가의 이상의 정책이라는 형태로 표현되기 때문이다.

사회성을
키우는
곳으로서의 학교

　지금까지 살펴본 것처럼 국가의 이상과 학교 관계는 유기적인 것이다. 그러나 심리학적 관점에서 생각해 보면 이 관계는 교육기관으로서의 학교에 있어 큰 이점이 된다. 심리학이 생각하는 교육의 첫 번째 목적은 아이를 사회에 적응시키는 것이다. 그리고 아이의 사회성을 키워주기 위해서는 가정교육보다 학교교육이 더 적합하다. 학교가 국가의 요구와 밀접한 관계가 있고 아이에 의한 판단의 영향을 쉽게 받지 않기 때문이다. 학교는 아이의 응석을 받아주지 않는다. 그리고 일반적으로 아이와의 사이에 일정한 거리를 유지하고 있다.

　한편, 가정의 경우에는 반드시 사회의 이념이 침투돼 있는 것은 아니다. 오히려 전통적 가치관의 지배를 받는 경우가 많을 것이다. 부모 자신이 사회에 적응하고 사회성을 키우고자 하는 교육의 목적을 이해하지 않는다면 가정교육은 진보할 수 없다. 사회성이 있고 교육의 뜻을 이해하고 있는 부모 밑에서 자란 아이는 올바른 교육을 받고 학교에 들어갈 준비를 갖추고 있다. 그리고 학교에 들어가면 그곳에서도 올바른 교육을 받아 사회에서의 자기 역할을 찾을 수 있다. 이것이 국가와 학교에 있어서 아이의 이상적 발달이고, 학교는 가정과 국가를 이어주는 역할을 다하는 것이다.

학교와
교사의 역할

지금까지 살펴본 것처럼 가정에서 아이의 라이프스타일은 4살부터 5살 사이에 거의 결정되며 그것을 직접적으로 바꾸는 것은 불가능해진다. 새로운 학교교육의 방식, 이 사실을 근본적으로 생각해야 할 것이다. 꾸짖거나 벌을 주지 말고 교육과 인도를 통해 아이 속에 공동체 감각을 키워나가는 것이다. 앞으로의 학교는 더 이상 관리와 억압에 의존할 수 없다. 아이들 각각의 문제를 이해하고 해결해나갈 필요가 있다.

한편, 가정의 경우에는 부모와 아이의 거리가 너무 가깝기 때문에 사회성을 키우기 위한 교육은 어려워진다. 대부분의 부모는 자신의 기호에 맞게 아이를 교육시키기 때문에 아이가 어른이 된 뒤 사회에 적응하지 못하는 경우도 있다. 그렇게 된 아이는 크게 고생을 할 것이다. 일단 학교에 익숙하지 못할 것이고 사회에 나가면 그 문제는 더욱 커진다.

이 상황을 개선하기 위해서는 당연히 제일 먼저 부모를 교육시킬 필요가 있다. 이것은 간단한 문제가 아니다. 상대가 어른이기 때문에 아이와 마찬가지 방식으로 접근할 수 없기 때문이다. 게다가 설령 부모와 직접 만날 수 있더라도 '국가의 이상'이라는 것에 흥미를 갖게 할 수 없을지도 모른다. 자신들의 가치관을 완고하게 믿고 있기 때문에 변화의 필요성을 이해하지 못한다.

부모를 바꾸는 것이 어렵기 때문에 우리 심리학자가 할 수 있는 것은 교육에 관한 이해를 폭넓게 보급시키는 것뿐이다. 이때 제일 중점이 되는 것은 역시 학교가 될 것이다. 그 이유는 첫째로 학교는 많은 아이들이 모이는 장소이고, 둘째는 라이프스타일의 잘못은 가정보다는 학교에서 발견하기 쉽기 때문이고, 셋째는 교사란 아이의 문제를 보다 깊이 이해할 수 있는 존재라고 할 수 있기 때문이다.

평범한 아이(만약 그런 것이 존재한다면)라면 특별한 문제는 없다. 건전하게 발달하고 사회에 잘 적응한 아이가 상대라면 가장 중요한 것은 그 아이들을 억압하지 않는 것이다. 그런 아이라면 사회에서 유익한 수단을 활용해 우월성이라는 목적을 달성하려 할 것이다. 때문에 그들은 오로지 자신의 길을 나아가면 된다. 그들의 우월감은 인생의 유익한 측면에서 비롯되는 것이기 때문에 우월 콤플렉스가 되지는 않는다.

한편, 문제아, 신경증 환자, 범죄자 등은 무익한 측면에서 비롯된 우월감과 열등감 모두를 내포하고 있다. 그들의 우월 콤플렉스는 열등 콤플렉스를 막아주는 역할을 하고 있는 것이다. 이미 살펴봤듯이 열등감은 누구나 가지고 있는 것이지만 열등감이 자극받아 인생의 무익한 측면으로 발길을 디디게 되면 열등감은 열등 콤플렉스라는 모습으로 바뀐다.

장해에서 비롯된 문제의 시정(是正)

열등과 우월에 관한 문제는 학교에 들어갈 때까지의 모든 가정생활에서 비롯된다. 아이는 이 시기에 자신의 라이프스타일을 형성하고 그것이 그 아이의 인격 원형이 된다. 이 시기에 완성되는 인격의 원형은 어른이 된 후의 라이프스타일과는 달라 예를 들자면 아직 숙성되지 않은 과일과 같은 것이다. 숙성되지 않은 단계에서 만약 벌레가 먹는 등의 문제가 일어나면 과일이 크게 성장하고 숙성됨과 동시에 벌레도 커진다.

앞에서 살펴봤듯이 몸의 기능에 어떤 장해가 있는 경우 그 장해로 인해 인격의 문제가 발생하는 경우도 많다. 열등감의 뿌리에는 몸의 장해가 있는 것으로 여기서 간과해서는 안 되는 것은 장해 그 자체가 아니라 장해로 인해 사회에 적응하기 힘들다는 것이 문제의 원인이 되고 있다는 것이다. 그리고 교육을 통해 문제를 시정할 기회도 거기에 있다. 그런 아이를 사회에 적응할 수 있게 훈련한다면 몸의 장해는 부상이 아니라 자신이 될 가능성이 있다. 앞에서 살펴봤듯이 몸의 장해를 감추기 위해 특정한 능력이 크게 발달하는 경우가 있다. 훈련을 통해 그 능력을 더욱 키워 유익한 측면으로 활용할 수 있게 한다면 그 아이의 인생에 있어서 큰 의미를 갖게 될 것이다.

여기서 핵심은 기관의 장해를 어떻게 사회에 대한 적응으로 연결해 갈 것인가 하는 것이다. 그러기 위해 예를 들어 보는 것에만 흥미를 갖고 있는 아이, 또는 듣는 것에만 흥미를 갖고 있는 아이가 있다면 교사가 해야 할 일은 그 아이에게 다른 지각(知覺)에도 흥미를 갖게 하는 것이다. 편향된 지각의 사용방법을 하고 있으면 그 아이는 다른 아이와 친숙하지 못해 고립되고 말 것이다.

왼손잡이를 오른손잡이로 교정하려다가 재능이 떨어지고 만 아이가 많다. 대부분의 경우 주변 사람은 그 아이가 선천적인 왼손잡이이고 그것이 재능의 하락 원인이라는 것을 모른다. 그리고 그 아이는 왼손잡이라는 이유로 가족들과 다툼이 끊이지 않는다. 우리의 관찰에 따르면 그런 아이는 공격적인 성격이 되거나(이것은 장점이다.) 아니면 기가 죽어 소심한 성격이 된다. 그리고 문제를 안은 채 학교에 들어가면 고집불통에 싸움꾼이 되거나 아니면 패기가 없어 항상 초조해하고 용기가 없는 아이가 된다.

응석받이
아이의 교육

또한 몸의 기관에 문제가 있는 아이뿐만이 아니라 응석받이 아이의 대부분도 학교에 들어가면 문제를 일으키게 된다. 학교라는 조직의 방식을 생각해 보면 한 명의 아이만 항상 주목받는 것은 불가능하다. 교사가 한 아이만 역성을 들며 응석을 받아주는 일이 있을 수 있겠지만 그것도 학년이 바뀌면 끝나버린다. 응석받이 아이의 문제는 어른이 되면 더 커질 것이다. 우리의 사회에서는 특별한 이유도 없이 한 사람만을 특별하게 대접하는 것은 옳지 않은 것으로 여기기 때문이다.

그런 문제가 있는 아이는 모두 어떤 특정한 성질을 갖고 있다. 인생의 과제와 맞설 준비가 되지 않은 것이다. 그들은 야심가에 사회를 위해서가 아니라 자신의 목적을 채우기 위해 주변을 지배하고 싶다고 생각하고 있다. 그에 더해 그들은 공격적으로 언제나 누군가를 적으로 만들어

버린다. 대부분은 겁 많은 성격으로 인생의 과제와 맞설 마음이 전혀 없다. 응석받이 아이는 인생의 과제에 대한 준비가 되지 않은 것이다.

우리가 살펴본 결과 그런 아이에게는 조심스럽고 소심하다는 특징도 있다. 인생의 과제에 당면하면 항상 해결을 뒤로 미룬다. 아니면 과제 앞에서 멈춘 채 다른 일로 피해버려 무슨 일이든 끝까지 해내는 일이 없다.

문제가 있는 아이의 성격은 가정보다도 학교에서 현저하게 드러난다. 학교는 쉽게 말해 실험장과 같은 것으로 아이가 건전하게 발달하고 사회와 인생의 과제에 적응하는지는 학교에 들어가 보면 바로 알 수 있다. 라이프스타일의 잘못은 가정에서는 지나치기 십상이지만 학교에서는 누구의 눈에도 쉽게 드러난다.

'누구나 무엇이든 달성할 수 있다.'

응석받이 아이도 기관에 문제가 있는 아이도 인생의 과제로부터 등을 돌리려 한다. 열등감이 커서 과제에 맞설 힘을 빼앗겼기 때문이다. 그러나 학교에서는 교사가 과제의 크기를 조절할 수 있으므로 우선은 작은 과제를 주고 문제 해결능력을 서서히 키워줄 수 있을 것이다. 그렇게 되면 학교는 단지 공부만 가르치는 것이 아니라 참된 의미에서 교육의 장이 될 수 있다.

기관에 문제가 있는 아이, 응석받이 아이뿐만이 아니라 '미움을 받은 아이'에 대해서도 생각할 필요가 있다. 어떤 아이가 미움을 받게 되는 것은 대부분 못생겼거나, 오해를 받았거나, 혹은 몸이 불편하기 때문이다. 그들은 사회에 나갈 준비가 전혀 돼 있지 않다. 그러한 아이는 아마도 지금까지 살펴본 세 가지 타입 중에서도 학교에 진학하면 가장 고생을 할 것이다.

그래서 우리 개인 심리학은 교사와 학교 관계자가 어떻게 생각을 하든 학교 운영의 일환으로써 위와 같은 문제를 모두 이해하고 문제가 있는 아이를 지도할 방법을 확립해야 한다고 제안한다.

또한 문제가 있는 아이뿐만이 아니라 '신동'이라 불리는 특별히 우수한 아이도 있다. 때로는 한 과목에서 매우 특출하기 때문에 다른 과목에서도 우수해 보이는 경우도 있을 것이다. 그들은 섬세한 야심가로 대부분은 다른 아이들이 별로 좋아하지 않는다. 아이들이란 다른 아이가 사회에 적응하고 있는지 아닌지에 대해 민감하게 느낀다. 특별히 우수한 아이는 대단하다고 여겨지기는 하지만 사랑을 받지는 않는다.

우수한 아이는 대부분 순조롭게 학교생활을 할 수 있지만 사회에 나서면 그렇지 못하다. 적절한 라이프 플랜을 전혀 갖지 못한 상태로 사회 참가, 직업, 연애, 결혼과 같은 인생의 3대 과제에 직면하면 문제점이 드러나게 된다. 인격 형성기에 일어났던 일이 이 상황에서 드러나 가정에 잘 적응하지 못한 것의 영향이 드러나는 것이다. 우수한 아이는 항상 주변 어른들로부터 편애를 받기 때문에 라이프스타일에 문제가 있더라도 겉으로 드러나지 않는다. 그러나 새로운 환경에 나서자마자 문제가 모습을 드러내게 된다.

흥미롭게도 대부분의 시인과 극작가들은 이 문제를 잘 이해하고 있는 것 같다. 그들의 작품에는 우수한 인간이 경험하는 인생의 역경이 자주 등장한다. 예를 들어 셰익스피어의 《헨리 4세》에 등장하는 노섬벌랜드 백작이라는 인물이 그렇다. 인간 심리학의 달인인 셰익스피어는 노섬벌랜드를 충실한 신하로 묘사하고 있지만, 마지막에 진짜 위험이 닥치자 그는 왕을 배신한다. 어려운 상황이 되면 그 사람의 진정한 라이프스타일이 드러난다는 것을 셰익스피어는 이해하고 있었던 것이다. 그리고 원래 라이프스타일을 만든 것은 그 어려운 상황이 아니다. 그 이전에 이미 완성된 것이나.

개인 심리학이 생각하는 우수한 아이의 문제에 대한 해결책은 다른 문제가 있는 아이의 경우와 마찬가지다. 우리의 견해는 '누구나 무엇이든 달성할 수 있다.' 이다. 이것은 민주적인 선언으로 우수한 아이의 어깨에 짊어진 짐을 덜어주는 역할을 하고 있다. 그들은 항상 큰 기대를 받고 있기 때문에 특별한 존재가 아니면 안 된다고 착각하고 있기 때문이다. 지도자가 '누구나 무엇이든 달성할 수 있다.'고 믿는다면, 우수하면서 겸허한 성격의 아이를 키울 수 있을 것이다. 그들은 자신의 업적은 노력과 행운 덕분이라는 것을 인식할 수 있다. 그대로 계속 노력한다면 그들에게 불가능한 것은 없다. 그러나 설령 환경과 능력이 부족한 아이라도 교사가 올바르게 지도한다면 결과를 낼 수 있는 것이다.

환경과 능력의 혜택을 받지 못한 아이는 어쩌면 이미 용기를 잃고 열등감에 사로잡혀 있을지도 모른다. 인간은 영원히 열등감을 견딜 수 없기 때문에 열등감으로부터 자신을 지킬 방법을 찾지 않으면 안 된다. 그들이 정말로 고통을 맛보게 되는 것은 학교에 들어가서부터이다. 문제의 크기에 압도되어 공부를 게을리 하고 또는 학교를 그만두기도 한다. 그들은 학교에 가더라도 의미가 없는 착각을 한다. 만약 그 착각이 옳은 것이라면 그들은 합리적으로 생각하고 언행이 수미일관하다는 것을 인정하지 않을 수 없을 것이다. 그러나 개인 심리학은 이 착각이 옳다고 생각하지 않는다. 오히려 모든 아이가 학교에서 무언가를 배우고 인생의 유

익한 측면으로 활용할 수 있다고 믿고 있다. 물론 실패도 하겠지만 그때

마다 옳은 방향으로 인도하면 된다.

학교에서의 행동과
가정에서의 행동

그러나 현재의 상황은 문제가 있는 아이의 지도가 적절하게 이루어
지고 있다고는 할 수 없다. 아이가 학교에서 문제가 있으면 어머니는 걱
정하며 아이에게 더욱 엄격해진다. 아이가 학교에서 나쁜 성적을 받거나
선생님에게 주의를 들으면 집에 돌아와서 어머니에게 다시 엄한 꾸중을
듣게 된다. 그런 아이는 응석받이이기 때문에 집에서는 대부분 착한 아
이지만 학교에 가면 잠재돼 있던 열등 콤플렉스가 모습을 드러낸다. 그
리고 아이는 자신에게 너무 관대한 어머니를 증오한다. 계속 어머니에게
속았다고 여기기 때문이다. 아이 마음속 어머니의 인상이 확 바뀐다. 새
로운 상황 속에서 불안만 커져 어머니가 너그럽게 응석을 받아주었던 것
은 까맣게 잊어버리는 것이다.

반대로 집에서 반항적인 아이는 학교에서는 매우 점잖은 경우가 많

다. 조용하고 차분해 억압을 당하고 있는 것처럼 보이기도 한다. 때로는 어머니가 학교에 찾아와 "우리 아이는 정말 손이 많이 가요. 항상 싸움만 합니다."라고 호소한다. 그러면 교사는 "학교에서는 점잖게 앉아서 꼼짝도 하지 않습니다."라고 대답한다. 그리고 반대의 경우도 있다. 어머니가 "우리 아이는 점잖고 어른스럽습니다."라고 말하면, 교사는 "이 아이 때문에 학급 분위기가 엉망입니다."라고 대답한다. 이런 케이스는 쉽게 이해할 수 있을 것이다. 집에서 응석을 부리는 아이는 집에서는 항상 차분하고 어른스럽게 있을 수 있지만, 학교에서는 응석을 부릴 수 없기 때문에 관심을 끌려고 공격적으로 된다. 그리고 그 반대의 경우도 있을 것이다.

예를 들어 한 8살 여자아이는 학년에서 최고의 성적으로 친구들의 사랑을 받고 있었다. 그러나 그녀의 아버지가 정신과 의사를 찾아가 "딸의 성격이 괴팍합니다. 정말 폭군입니다. 가족들이 견디기 힘들어합니다."라고 호소했다. 이 상황을 어떻게 설명하면 좋을까? 그녀는 약한 가족들에게 태어난 장녀였다. 아이 때문에 이렇게 고통을 당하는 것은 약한 가족뿐이다. 동생이 태어나자 그녀는 자신의 지위가 위협당하고 있다고 느꼈다. 영원히 부모의 관심을 독차지하고 싶었고 그러기 위한 투쟁을 하게 된 것이다. 한편 학교에서는 성적이 뛰어나 모두의 사랑을 받고 있었기 때문에 관심을 끌기 위해 투쟁할 필요가 없었다. 때문에 건전하게 발달한 것이다.

혹은 가정과 학교 모두에서 문제를 일으키는 아이도 있다. 가족도 학교도 아이에게 불만이 많기 때문에 그 아이의 문제는 더욱 커져간다. 예를 들어 집에서도 학교에서도 야무지지 못한 아이가 있다고 하자. 집에서도 학교에서도 똑같이 야무지지 못하다면 문제의 원인은 그 이전의 사건에 있다고 생각할 수 있다. 아무튼 아이의 문제를 판단할 때는 가정에서의 행동과 학교에서의 행동 모두를 고려하지 않으면 안 된다. 아이의 라이프스타일과 아이기 어디를 향하고 있는지를 정확하게 이해하고 싶다면 모든 요소가 중요한 것이다.

학교에서의
괴롭힘과
용기의 재구축

    건전하게 발달하고 있는 것처럼 보이는 아이라도 학교에 들어가 새로운 상황에 직면하면 문제가 노출되기도 한다. 이런 상황이 되는 것은 대부분 학교에서 교사나 다른 아이들로부터 적대시되는 때이다. 유럽을 예로 생각해보면, 귀족 아이를 위한 학교에 평민 아이가 입학하는 경우일 것이다. 부모가 부유하고 허영심이 많아 귀족 학교에 입학시킨 것이었다. 그러나 본인만 귀족이 아닌 상황에서 그 아이는 따돌림을 당했다. 그 아이도 학교에 들어갈 때까지는 응석받이였거나, 아니면 적어도 정상적으로 자란 아이였겠지만 갑자기 적대감으로 가득한 환경에 던져진 것이다. 아이의 따돌림과 괴롭힘은 매우 냉혹할 때도 있다. 그렇게까지 되면 견디는 것이 오히려 신기할 정도이다. 대부분의 경우 아이는 학교에서 괴롭힘을 당하고 있다는 것을 부모에게 말하지 않는다. 부끄럽게 생각하기 때문이다. 그저 묵묵히 괴로움을 견디고 있다.

그런 아이가 16살부터 18살이 돼 어른과 마찬가지로 사회에 나가 인생의 과제와 정면으로 마주해야 할 나이가 되면 더 이상 앞으로 전진하지 못하는 경우가 왕왕 있다. 그때까지의 힘든 경험 때문에 용기와 희망을 완전히 상실한 것이다. 그리고 사회생활에서의 걸림돌이 그대로 연애와 결혼의 걸림돌로 이어진다.

우리 심리학자는 그러한 사람들에 대하여 무엇을 할 수 있을까? 그들은 에너지를 발산할 수단이 없다. 때문에 타인에게 상처를 입힐 목적으로 스스로에게 상처를 입히는 타입의 사람이라면 자살을 선택할지도 모른다. 또는 그냥 사라져버리고 싶다고 생각하는 사람도 있다. 그들은 정신병원으로 도망쳐 버린다. 한때 조금이나마 있었던 사교성도 전부 버려버린다. 사회와 통하는 대화 방법을 하지 않고 사람을 피하며 항상 세상을 적대시하고 있다. 심리학적으로는 이런 증상은 조발(早發)성 치매라 부른다. 이 증상을 치료하려면 우선 환자의 용기를 재건축할 필요가 있다. 이것은 매우 힘든 케이스지만 치료는 가능하다.

'태어난 순서를
고려하자.'

이처럼 아이가 안고 있는 교육상의 문제를 해결하기 위해서는 아이의 라이프스타일을 정확히 진단하는 것이 가장 중요하다. 때문에 이제부터는 개인 심리학이 개발한 진단 방법에 대해 살펴보기로 하겠다. 라이프스타일의 진단은 당연히 온갖 상황에 도움이 되지만, 역시 교육의 장에서 활용하는 것이 특히 중요하다.

인격 형성기에 있는 아이를 직접 관찰하는 방법 이외에 개인 심리학에서는 옛 기억과 장래의 꿈을 묻거나 아이의 자세와 행동을 관찰하고 아이의 태어난 순서를 고려하는 등의 방법을 쓰고 있다. 이러한 방법에 대해서는 이미 살펴봤지만 여기서 다시 한 번 '태어난 순서를 고려한다.' 는 방법을 확인해 두는 것이 좋을 것이다. 이 방법은 교육과 보다 밀접한 연관이 있기 때문이다.

앞에서도 말했듯이 아이가 태어난 순서에서 먼저 중시해야 할 것은 처음 태어난 아이의 입장일 것이다. 그들은 한동안 유일한 아이로서 어른의 관심을 독점하고 있었지만 동생이 태어나는 순간 왕좌에서 밀려난다. 그진까지는 절대적인 힘을 쥐고 있었지만 순식간에 잃고 마는 것이다. 그리고 두 번째 이후의 아이는 첫 아이가 아니라는 사실에 의해 성격과 심리상태가 결정된다.

우리의 관찰에 의하면 첫째 아이는 보수적인 사고를 갖는 경우가 많다. 권력을 쥔 사람은 계속 그 권력의 자리에 있어야 한다고 생각하고 있다. 자신이 힘을 잃은 것은 단순히 우연이라고 생각하며 권력을 진심으로 칭송하고 있다.

둘째 아이의 경우에는 상황이 전혀 다르다. 그들은 '중심인물'이 아니라 첫째를 '페이스메이커' 삼아 앞으로 전진한다. 항상 첫째를 추월하려 한다. 권위를 인정하지 않지만 권력의 자리를 노리고도 있다. 지기 싫어하여 경쟁에서는 항상 이기려고 노력한다. 그들의 자세와 행동을 살펴보면 항상 위를 지향하고 있다는 것을 알 수 있다. 과학과 자연의 법칙을 바꾸려 하고 있다. 혁명가와 같은 성격이지만 정치가 아니라 사회생활과 대인관계에서 혁명을 일으키려 하고 있다.

예를 들어 성서에 등장하는 야곱과 에사우의 이야기는 전형적인 첫째와 둘째의 관계를 묘사하고 있다고 할 수 있을 것이다.

첫째가 많이 성장한 뒤 막내가 태어나는 케이스에서는 막내가 첫째 아이와 비슷한 상황에 놓이게 된다.

나이 차이가 많이 나는 막내라는 입장은 심리학적으로도 매우 흥미로운 연구 대상이다. 막내란 말 그대로의 의미로 항상 가족 중에 가장 젊은 존재로 더 이상 동생이 태어나는 일이 없다. 막내는 절대로 지위를 잃지 않는다는 의미에서 유리한 입장에 있다. 둘째 아이는 셋째 아이에게 지위를 빼앗겨 첫째와 같은 비극을 맞볼지도 모르지만, 막내의 경우에는 그럴 걱정이 전혀 없다. 때문에 막내는 가장 유리한 입장으로 다른 상황이 모두 똑같다면 막내가 가장 건전하게 발달한다고 생각할 수 있다.

에너지가 넘치고 지기 싫어하는 점은 둘째 아이와 닮았다고 할 수 있다. 그들에게도 페이스메이커가 되어주는 사람이 존재한다. 그러나 전반적으로 막내의 입장은 다른 가족과는 전혀 다르다. 예를 들어 다른 가족이 모두 과학자라고 한다면 막내는 아마도 음악가나 상인이 될 것이다. 그리고 상인 가족이라면 막내는 아마 시인이 될 것이다. 그들은 항상 가족 중에 이질적인 존재다. 그것은 같은 분야에서 경쟁하는 것이 편하기 때문으로 그 때문에 막내는 언제나 자신만 다른 길을 가려 한다. 물론 그 자체는 그들에게 용기가 없다는 증거일지도 모른다. 용기가 있는 아이라면 오히려 같은 분야에서 싸우는 길을 선택했을 것이다.

외동아이,
형제, 자매

　여기서 주의해야 할 것은 태어난 순서로 성격을 추측하는 방법은 어디까지나 '경향'을 시사해줄 뿐 반드시 그렇지는 않다는 점이다. 실제로 만약 첫째가 우수하다면 둘째에게 왕좌를 빼앗기지 않아 비극을 경험하지 않을 수도 있다. 그러한 아이는 사회에 적응하고 어머니도 그 아이의 흥미 대상을 넓히려 할 것이다. 그 대상 중에는 새로 태어난 아기도 포함된다. 한편으로 첫째가 왕좌의 군림을 계속하면 둘째 아이에게는 매우 힘든 상황이 된다. 둘째는 문제를 품고 경우에 따라서는 최악의 상황이 벌어질지도 모른다. 그것은 모든 용기와 희망을 잃기 때문이다. 경쟁에 참가하는 아이는 이길 수 있다는 희망을 갖지 않으면 안 된다. 그 희망이 사라지면 모든 것을 잃는 것이다.

　외동아이도 독자의 비극이 있다. 자식 시절에는 줄곧 가족의 중심이기 때문에 항상 주목을 받는 것이 인생의 목적이 돼버리기 때문이다. 논리적으로 생각하지 않고 항상 자신의 라이프스타일을 기준으로 생각하게 된다.

자매들 사이의 외아들이라는 입장에도 특유의 문제가 있다. 그런 아이는 여자아이처럼 행동을 한다고 하지만 그것은 약간 과장된 생각일 것이다. 원래 사람은 여성이 육아를 하기 때문이다. 그러나 여자아이가 많은 가족은 아무래도 여성 중심적인 생각을 하기 때문에 외아들은 독자의 괴로움을 맛보게 된다. 한 가정에 여자아이가 많거나 아니면 남자아이가 많은지는 집안으로 한 걸음만 들어가 보면 바로 알 수 있다. 가구가 다르고 왁자지껄한 정도가 다르고 규율이 다르기 때문이다. 남자아이가 많은 가정은 부서진 것이 많고, 여자아이가 많은 가정은 대부분 집안이 깔끔하게 정돈돼 있다.

여자아이가 많은 가정의 남자아이는 자신의 남자다움을 더욱 강조하려 할지도 모른다. 아니면 주변에 맞춰 정말로 여자아이처럼 된다. 간단히 말하자면 그런 가정의 남자아이는 과도하게 부드럽고 단아해지거나, 혹은 과도하게 난폭해지거나 둘 중에 하나다. 후자의 경우에는 최종적으로 마치 항상 자신이 남자라는 것을 증명하려고 하는 것 같을 것이다.

남자 형제들 속의 외동딸 또한 마찬가지로 어려운 상황이다. 매우 여성스럽고 조용하거나, 혹은 항상 남자 형제와 똑같은 것을 하고 싶어 하거나 남자처럼 되려 할 것이다. 이 입장에 선 여자아이는 누가 보더라도 명확하게 열등감을 품고 있다. 자신보다 우위의 입장에 있는 남자들로 가득하기 때문이다. 자신은 '여자일 뿐이다.' 라고 하는 감정이 열등 콤플렉스를 만들어내고 있는 것이다. 이 '~일 뿐이다.' 라고 하는 감정이 열등 콤플렉스의 전부가 표현돼 있다. 그 아이가 남자아이의 옷을 입고 어른이 돼서는 그녀 자신이 생각하는 '남성과 같은 성적 관계'를 갖는다면 열등 콤플렉스를 채워주기 위해 우월 콤플렉스를 갖게 된 것이다.

태어난 순서에 대한 논의의 마지막으로 첫째가 남자아이고 둘째가 여자아이인 케이스에 대해 살펴보자. 이 케이스는 반드시 남매 사이에 싸움이 심해진다. 여동생은 언제나 오빠를 추월하려 한다. 둘째라는 것뿐만 아니라 여자이기 때문이다. 남보다 더 노력하기 때문에 둘째의 특징이 보다 강조될 것이다. 활동적이고 자립심이 강하다. 오빠는 여동생이 점점 차이를 줄여오는 것을 실감한다. 게다가 일반적으로 여자아이가 남자아이보다 심신의 성장이 빠르기 때문에 예를 들어 12살의 여자아이라면 같은 또래의 남자아이보다 훨씬 발달한다. 오빠도 그 사실을 느끼고 있지만 머리로 이해하는 것은 불가능하다. 때문에 열등감을 품고 경쟁에서 벗어나고 싶어 한다. 성장을 포기하고 대신에 도망칠 궁리를 하게 된다. 때로는 그 도피처가 예술의 길로 이어지기도 한다. 아니면 정신병을 앓거나 범죄자가 되는 경우도 있다. 아무튼 그들에게는 경쟁을 계속할 강인함이 없다.

이런 경쟁은 해결하는 것이 어렵고 '누구나 무엇이든 달성할 수 있다.'라는 사고방식도 별로 도움이 되지 않는다. 우리 심리학자가 할 수 있는 것은 여동생이 더 위로 보이는 것은 단지 그녀가 더 노력했기 때문이고, 노력함으로써 보다 효율적으로 발달하는 방법을 찾았다고 오빠를 설득하는 일일 것이다. 또한 오빠와 여동생 모두를 지도하여 가능한 경쟁적이 아닌 관계를 구축하는 방법도 있다. 그러면 둘 사이의 경쟁적 분위기를 완화시킬 수 있을 것이다.

9장

사회에
적응한다는 것

사회 참가에서 중요한 것은 우리의 타인에 대한 태도이자 인류 전체에 대한 태도이고, 그리고 인류의 미래에 대한 태도이다.

Nothing makes a man so adventurous as an empty pocket.
텅 빈 주머니만큼 인생을 모험적으로 만드는 것이 없다.
Victor, Marie Hugo(프랑스 낭만주의 시인, 소설가)

개인이 사회와
마주할 때

개인 심리학이 지향하는 것은 '사회'에 적응하는 것이다. '개인'과 '사회'가 모순된다고 생각하는 사람도 있을지도 모르지만, 이것이 모순이라면 언어상의 문제이다. 현실 문제로 개인의 심리적 측면의 생활 모두에 주목하지 않으면 사회적인 요소의 중요함도 이해할 수 있을 것이다. 개인이 개인일 수 있는 것은 사회적 문맥에서만 가능하다. 다른 심리학 분야에서는 개인의 심리학과 사회의 심리학은 확실히 구별하고 있지만 우리 개인 심리학에는 그러한 구별은 존재하지 않는다. 이 책은 지금까지 개인의 라이프스타일을 분석해 왔지만 사회에 대한 적응이라는 시점도 항상 가지고 있다.

이제부터는 그 '사회에 대한 적응'이라는 시점에 더욱 주목하여 개인의 라이프스타일의 분석을 계속하겠다. 분석에서 다룰 현실은 마찬가지

209

지만 개인의 라이프스타일을 진단하는 작업에서 벗어나 그 라이프스타일이 실제로 사회 속에서 어떤 기능을 하고 있는지, 올바른 행동을 촉진하기 위해서는 어떻게 하는 것이 좋을지를 생각해 보겠다.

앞 장에서는 교육 환경의 문제에 대해 살펴봤지만 사회 적응의 문제도 교육 환경과 연관하여 분석해 나간다. 학교나 유치원이라는 기관은 사회의 축소판이자 사회 부적응의 문제에 대해 보다 간소화된 형태로 연구할 수 있다.

손을 댈 수 없는 아이의 경우

예를 들어 5살 남자아이의 문제행동에 대해 생각해 보자. 어머니가 의사를 찾아와 아이 때문에 고생이라고 호소했다. 잠시도 가만히 있지 않고 문제만 일으킨다고 했다. 어머니는 아들을 돌보느라 정신이 없어 하루가 끝날 무렵에는 완전히 녹초가 되었다. 그리고 더 이상 참을 수 없었기에 만약 가능하다면 아들을 다른 집에 보내고 싶다고 했다.

우리는 어머니의 이야기를 듣는 것만으로도 이 소년의 모습을 마치 친자식처럼 이해할 수 있었다. 잠시도 가만히 있지 못하는 5살 남자아이가 할 것 같은 행동을 쉽게 상상할 수 있었다. 아마도 신발을 신은 채 테이블 위에 올라가곤 할 것이다. 쉽게 더러워지는 놀이도 좋아할 것이다. 어머니가 뭔가 읽고 있을 때는 전기를 껐다 켰다 할 것이 분명하다. 또한 부모님이 피아노를 치며 함께 노래를 하려고 하면 그런 아이는 언제나

211

비명소리를 지른다. 아니면 귀를 막고 피아노와 노래를 듣고 싶지 않다고 고집을 부릴 것이다. 원하는 것을 얻지 못하면 반드시 발작을 일으킨다. 그리고 그는 항상 무언가를 바라고 있다.

그런 아이가 유치원생이라면 틀림없이 언제나 싸움을 하고 있을 거라는 것을 상상할 수 있다. 무슨 일을 하더라고 결국에는 싸움을 하는 것이 목적이다. 밤낮 없이 가만히 있지 않고 부모님은 항상 지쳐 있다. 그러나 아이는 지치지 않는다. 부모와 달리 하고 싶지 않은 일은 하지 않아도 되기 때문이다. 마구 돌아다니면 남에게 피해를 주고 싶은 뿐이다.

이런 아이는 언제나 자기만 두드러지기를 바라고 있고 그것을 잘 알 수 있는 사건이 있다. 어느 날 그는 부모님이 피아노와 노래로 출연하는 콘서트에 가야 했다. 그런데 연기 도중에 갑자기 "아빠!"하고 소리치며 객석을 돌아다녔다. 예상할 수 있었던 행동이었을지도 모르지만 부모는 왜 이런 행동을 하는지 전혀 이해할 수 없었다. 이 아이의 행동은 평범하지 않았지만 부모는 평범한 아이라고 생각하고 있었다.

그러나 어떤 의미에서 그는 평범한 아이다. 자신의 머리로 생각해낸 라이프 플랜을 갖고 있고 그 플랜에 따라 행동하고 있기 때문이다. 플랜을 이해하면 그의 행동도 예측할 수 있을 것이다. 그래서 우리는 이 아이의 지능에는 문제가 없다는 결론을 내렸다. 지능에 문제가 있다면 지적인 라이프 플랜을 가질 수 없기 때문이다.

어머니 손님이 오면 소년은 손님을 밀어내고 손님의 자리에 자신이 앉는다. 이 행동 또한 그의 목적과 인격의 원형을 반영하고 있다고 할 수 있을 것이다. 그의 목적은 타인 위에 서서 타인을 지배하는 것과 항상 부모의 관심을 독점하는 것이다.

이상의 내용으로 이 남자아이가 응석받이로 자랐다는 것, 그리고 응석이 받아들여지면 착한 아이가 될 거라는 상상을 할 수 있다. 다시 말해 그는 '응석을 받아주는' 지위를 잃은 아이이다.

그렇다면 그는 왜 이 지위를 잃게 된 것일까? 그 해답은 아마 동생이 태어났기 때문일 것이다. 그는 5살에 이 새로운 상황에 직면했다. 그리고 왕좌에서 밀려난 것을 자각하고 지위를 되찾기 위해 싸우고 있다. 부모를 피곤하게 하는 것도 그 때문이다. 그리고 다른 이유도 있다. 그는 새로운 상황에 대한 준비가 되어 있지 않고 응석받이 아이라는 입장 때문에 사회성을 익히지 못했다. 다시 말해 이 소년은 사회 적응이라는 점에서 문제가 있었던 것이다. 자신의 일밖에 흥미가 없고 자신의 일밖에 생각하지 않는다.

이 소년이 동생을 어떻게 대하고 있는지를 묻자, 동생을 좋아하는 것은 틀림이 없지만 함께 놀면 항상 때린다는 대답이 돌아왔다. 좋아하는 상대에게 그런 행동을 할 수 있을까 하는 의문을 품는 것도 무리는 아닐 것이다.

학교는 집과
사회를
이어주는 다리

이 소년의 행동이 가진 의미를 제대로 이해하기 위해서는 싸움은 하지만 항상 싸움을 하는 것은 아닌 아이의 행동을 비교하면 좋다. 후자의 아이는 총명하기 때문에 항상 싸움만 하는 것은 아니다. 부모가 말릴 것이라는 것을 알고 있기 때문이다. 때문에 스스로 싸움을 멈추고 착한 아이로 있을 때도 있다. 그러나 항상 하던 태도가 다시 드러나, 이 아이의 경우에는 동생과 돌고 있을 때 동생을 때리곤 한다. 실제로 그에게 놀이 목적은 동생을 때리는 것이다. 만약 어머니가 벌을 주려고 하면 그는 웃으면서 맞아도 하나도 안 아프다며 강한 척 하거나, 세게 맞으면 잠시 동안은 점잖게 있지만 곧바로 다시 문제를 일으킬 것이다. 여기서 주목해야 할 것은 그의 목적이 모든 언어를 결정하고 있다는 것이다. 무슨 일을 하더라도 반드시 목적을 달성하기 위한 것이다. 때문에 목적을 알면 모든 행동을 예측할 수 있다. 단, 상대의 인격 원형에 통일성이 없을 경우, 또는 상대의 목적을 알 수 없는 경우에는 행동을 예측할 수 없다.

이 소년의 인생을 상상해 보자. 유치원에 들어갔을 때와 콘서트에 갔을 때의 모습이 눈에 떠오르지 않을까? 대부분의 경우에 편한 환경이라면 지배자가 될 수도 있고, 보다 엄격한 환경이라면 지배하기 위해 싸울 것이다. 만약 유치원 선생님이 엄격하다면 이 소년은 일찌감치 유치원을 떠나버릴지도 모른다. 그렇게 되면 아마도 무언가 가장 그럴듯한 변명을 떠올릴 것이다. 그는 항상 긴장에 노출돼 있기 때문에 두통이 생기거나 차분함이 사라진다. 이러한 증상은 신경증의 최초 사인이 될지도 모른다.

한편, 만약 마음이 편안한 환경이라면 모두의 관심을 독차지하고 의기양양할 것이다. 그런 상황이라면 어쩌면 유치원의 리더가 될지도 모른다. 완전한 챔피언이다.

유치원 또한 하나의 사회이고 사회적 과제가 있다. 유치원에 들어가면 그런 과제에 대비할 필요가 있을 것이다. 공동체의 룰은 반드시 따라야 하기 때문이다. 유치원아는 그 작은 사회 속에서 유익한 존재가 되어야 한다. 그리고 공동체에 있어 유익한 존재가 되는 것은 자신보다 타인에게 흥미를 가져야 할 필요가 있다.

학교에 들어가도 같은 상황이 반복된다. 때문에 그와 같은 소년이 어떻게 될지는 대부분 상상할 수 있을 것이다. 사립학교라면 조금은 편안할지도 모른다. 공립보다 학생이 적어 그만큼 선생님의 관심을 받을 수 있기 때문이다. 어쩌면 그러한 환경에서는 문제아인 것을 들키지 않을지도 모른다. 오히려 '학교에서 가장 현명한 학생이다.' 라는 평가를 받을 가능성도 있다. 만약 정말로 학년 최고의 성적이라면 집에서의 태도도 바뀔 것이다. 학교에서 지배자가 될 수 있다는 상황만으로 만족하고 집에서의 지배권을 놓을지도 모른다.

학교에 들어간 아이의 태도가 개선된 경우 대부분의 사람은 학교에서 우월감을 가질 수 있기 때문이라고 생각한다. 그러나 실제로는 그 반대이다. 집에서는 착하게 있는 아이가 학교에서는 문제아가 된다.

앞 장에서 말했듯이 학교란 집과 사회를 이어주는 가교와 같은 존재다. 그렇게 생각한다면 이 소년이 사회에 나갔을 때의 모습도 상상할 수 있을 것이다. 사회는 학교처럼 만만한 환경이 아니다. 본인에게만 관심을 가져주지는 않을 것이다. 집에서도 착하고 학교 성적도 좋았지만 사회에 나와 아무런 도움도 되지 않는 사람을 보면 대부분의 사람은 이해하지 못하고 깜짝 놀란다. 사회에 도움이 되지 않는 사람이란, 예를 들어 신경증에 걸려 결국 정신이 완전히 망가져버린 어른이다. 그들은 집과 학교에서 대접을 받으며 좋은 시절을 보냈기 때문에 인격의 원형이 감춰져 보이지 않았을 것이다. 그것이 어른이 되어 원형이 겉으로 드러나면 의외의 결과로 주변 사람을 놀라게 한다.

The Science of Living

인생의
3대 과제

자신이 유리한 상황에 있으면 인격의 원형이 감춰지거나 오해되는 경우가 있다. 원형을 제대로 이해하고 있는지 확실하게 판단하고 싶다면 몇 가지 방법이 있다. 예를 들어 사람의 관심을 끌고 싶어 하며 공동체 감각이 떨어진 아이는 대부분 야무지지 못하다. 야무지지 못하기 때문에 사람의 시간을 점령하는 것이다. 또는 밤에 쉽게 잠을 이루지 못해 밤새 울거나 오줌을 싸기도 한다. 그 아이는 자신의 불안한 감정을 이용하고 있다. 왜냐하면 불안은 주변을 복종시키는 무기이기 때문이다. 이러한 사인은 그 아이에게 있어 바람직한 상황에서도 나타난다. 징후를 포착할 수 있다면 올바른 결론을 내릴 수도 있을 것이다.

처음에는 진짜 인격의 원형이 감춰져 있는 아이가 어른이 되면 어떻게 될까? 앞서 등장한 남자아이가 17살이나 18살이 돼 어른으로서의 첫

217

발을 내디뎠다고 하자. 이전까지의 인생은 그의 백그라운드다. 단, 확실하게 보이지 않기 때문에 정확하게 분석하는 것은 쉽지 않다. 목적과 라이프스타일을 꿰뚫어보는 것은 어렵다. 그러나 어른이 되어 사회에 나가면 개인 심리학이 '인생의 3대 과제'라 부르고 있는 것과 직면하게 된다. 그것은 사회 참가, 직업, 그리고 연애와 결혼이다. 이러한 과제는 모두 우리 존재의 핵심이 되는 인간관계에서 비롯된다. 사회 참가에서 중요한 것은 우리의 타인에 대한 태도이자 인류 전체에 대한 태도이고, 그리고 인류의 미래에 대한 태도이다. 인류라는 종을 존속시키는 것이 가장 큰 목적이자 한 인간의 힘으로는 불가능하기 때문에 인류기 살아남기 위해서는 서로 협력하지 않으면 안 된다.

일의
성공

직업에 관해서는 이 남자아이의 학교에서의 태도를 보면 상상할 수 있을 것이다. 남들 위에 서고 싶다는 목적을 가지고 직업을 찾는다면 아마도 찾기 힘들어 고생할 것이 틀림이 없다. 누구의 부하도 아닌 일이나 누구와도 협력하지 않아도 되는 일은 쉽게 찾을 수 없기 때문이다. 그러나 이 소년은 자신밖에 생각하지 않기 때문에 누군가의 부하로 일한다면 제대로 될 리가 없다. 또한 그런 사람은 비즈니스 세계에서 신용을 얻지 못할 것이다. 언제나 자신이 우선이기 때문에 회사의 이익을 우선하지 못하기 때문이다.

일반적으로 일에서의 성공은 사회에 잘 적응할 수 있는지에 따라 결정된다. 동료들과 고객의 요구를 이해할 수 있다면 비즈니스에서 우위에 설 수 있을 것이다. 상대의 눈으로 보고, 상대의 귀로 듣고, 그들처럼 느끼는 능력이다. 그럴 수 있는 사람은 업무 능력이 뛰어나지만, 우리의 연구대상인 이 소년은 그것이 불가능하다. 왜냐하면 항상 자신의 이익이 되는 것만을 찾고 있기 때문이다. 때문에 거의 성장이 불가능해 업무에서 실패를 반복하게 된다.

일반적으로 이 소년과 같은 사람은 일에 대한 준비가 갖춰지는 날은 영원히 오지 않는다. 또한 적어도 일을 시작하는 것이 남들보다 늦어진다. 아마도 30살이 되어도 아직 인생의 목표를 찾지 못해 이런저런 공부에 손을 대거나 직업을 전전하기도 한다. 이것은 어디에도 자신이 있을 곳을 찾지 못하는 사람의 전형적 행동이다.

또는 17살이나 18살의 청년으로 의욕은 있지만 무얼 하면 좋을지 모르는 사람도 있다. 그런 젊은이를 이해하고 적절한 직업으로 지도해 주는 것은 중요한 일이다. 무언가에 흥미를 갖고 처음부터 열심히 공부하고 익힐 가능성은 아직 남아 있다.

그러나 이 나이가 돼서도 인생의 목적이 결정되지 않은 것 역시 문제이다. 이 타입은 대부분 무언가를 달성하겠다는 생각이 없다. 이 나이가 될 때까지 장래의 목표를 결정할 수 있도록 집과 학교에서 지도할 필요가 있을 것이다. 예를 들어 학교라면 '장래의 꿈' 이라는 주제로 작문을 쓰게 하는 방법이 있다. 작문 과제라면 싫어도 어쩔 수 없이 이 문제와 마주하게 된다. 그런 기회가 없다면 늦어버릴 때까지 전혀 생각하지 않을지도 모른다.

연애와 결혼에
대한 적응

사회 참가, 직업의 뒤를 잇는 세 번째 과제는 연애와 결혼이다. 인간은 남성과 여성이 있기 때문에 이것은 매우 중요한 과제다. 만약 성의 차이가 없다면 상황은 전혀 다를 것이다. 그러나 현실은 성별이 존재하므로 이성에 대한 태도를 훈련할 필요가 있다. 연애와 결혼 문제에 대해서는 다음 장에서 다시 자세하게 살펴볼 예정이기 때문에 여기서는 사회 적응의 문제와의 연관성에 대해서만 알아보자. 공동체 감각이 결여돼 있으면 사회 적응과 직업에 문제가 발생하듯이 연애를 제대로 하지 못하는 것 또한 마찬가지로 공동체 감각의 결여 때문이다. 지나치게 자기중심적인 인물은 '두 사람의 관계'에 대한 준비가 되어 있지 않다. 원래 성충동의 역할은 인간을 자신이라는 작은 틀에서 벗어나 사회에 눈을 돌리게 해주는 것이라고 해도 과언이 아닐 것이다. 그러나 심리학적으로 보면 성충동만으로는 충분하지 않다. 자신에 대해서만 집착하지 않고 이미 사회에 눈길을 돌리고 있는 사람이 아니면 성충동을 계기로 사회에 참가하는 것은 불가능하다.

그렇게 생각해 볼 때 앞에서 등장한 소년에 대한 어떤 결론을 내리는 것이 가능하지 않을까? 그는 지금 인생의 3대 과제에 직면하여 방황을 하고 있다. '우월해지고 싶다.'는 목적은 있지만 3대 과제로부터는 도망치고 싶다. 그렇다면 과연 그에게는 무엇이 남겨져 있을까? 사회에 참가할 마음은 없고 타인에게는 적대심을 품고 있으며 의심이 많아 고독을 좋아한다. 그리고 타인에게 관심이 없기 때문에 남의 눈을 신경 쓰지 않고 항상 깔끔하지 못한 복장을 하고 있다. 이 모든 것은 정신 이상자의 특징이다. 사회 속에서 살아가는 사람에게는 공통의 언어가 있지만, 그는 그 말을 쓰려 하지 않으며 전혀 말하지 않는다. 그리고 말을 하지 않는 것은 조발성 치매에서 엿보이는 증상이다.

자기 주변에 스스로 벽을 쌓고 인생의 3대 과제로부터 도망치고 있기 때문에 그에게 남겨진 곳은 정신병원뿐이다. 우월성이라는 목적을 위해 자신의 틀에 숨고, 그 결과 성충동의 형태가 변하여 이상 정신상태가 되고 만다. 그는 천국으로 날아가려 하거나, 자신이 예수 그리스도라고 말하기도, 중국의 황제라고 말하기도 한다. 그것이 그에게 있어서 우월성이라는 목적을 달성하기 위한 방법이다.

인생의 전부가
사회의 적응에
달려 있다

지금까지 몇 번을 지적했듯이 인생의 모든 문제는 그 근저에 사회적 응이라는 문제가 있다. 사회적응의 문제는 유치원, 학교, 교우관계, 정치, 경제활동 등, 온갖 분야에서 드러난다. 인간의 능력은 모두 사회를 향하고 있어 인류에 도움이 되도록 되어 있다.

사회에 적응하지 못하는 문제는 인격 형성기에 이미 시작되고 있다. 여기서 중요한 것은 그 문제를 늦기 전에 어떻게 개선할 것인가이다. 인생에서 큰 실패를 방지할 뿐만이 아니라 인격 원형의 단계에서 작은 문제를 깨닫고 수정할 방법을 부모가 알고 있다면 아이에게 큰 도움이 될 것이다. 그러나 현실은 그런 일이 거의 드물다. 스스로 학습하고 오류를 바로잡으려는 부모는 거의 없기 때문이다. 대부분의 부모는 심리학에도 교육에도 흥미가 없다. 오로지 아이의 응석을 받아주고 자신의 아이를 조금이라도 나쁘게 말하는 사람을 적대시하거나, 혹은 아이에게 전혀 관심이 없거나 중에 하나이다. 때문에 부모에게는 큰 기대는 할 수 없을 것이다. 게다가 단기간에 교육과 심리학의 중요성에 대해 이해하는 것은 불가능한 일이다. 부모에게 올바른 지식을 익히게 하기 위해서는 많은 시간이 필요하다. 때문에 처음부터 의사나 심리학자에게 맡기는 것이 훨씬 좋을 것이다.

의사와 심리학자 등의 개인적 업무에 의존할 수도 있지만, 역시 최고의 결과를 기대할 수 있는 것은 학교 교육이다. 인격 원형의 오류는 학교에 들어가면서 비로소 표면으로 드러나는 경우가 많다. 개인 심리학의 체계성을 알고 있는 교사라면 쉽게 그 문제를 깨달을 것이다. 아이에게 협력성이 있는지, 아니면 자기중심적이고 자신만 주목받고 싶어 하고 있는지는 능력이 있는 교사가 보면 쉽게 알 수 있다. 또한 그런 교사라면 용기 있는 아이와 용기가 없는 아이를 구분할 수 있을 것이다. 개인 심리학을 제대로 배운 교사는 처음 일주일에 인격 원형에 문제가 있다면 깨달을 수 있다.

교사란 사회적 역할을 생각해 볼 때, 아이의 문제를 교정할 수 있는 능력을 갖추고 있어야 한다. 원래 인류가 학교라고 하는 제도를 만든 것은 가정만으로는 사회의 요구를 충족시킬 수 있는 교육을 할 수 없기 때문이다. 학교는 가정의 연장선으로 아이의 인격은 학교에서 크게 성장하여 인생의 과제와 마주하는 방법을 가르칠 수 있다.

그러기 위해 필요한 것은 학교와 교사가 심리학의 지식을 익히고 자신의 직무에 책임을 다하는 것뿐이다. 미래에는 개인 심리학이 교육 현장에서 더욱 확산될 것이다. 왜냐하면 학교의 진정한 목적은 인격을 육성하는 것이기 때문이다.

10장

공동체 감각,
상식, 열등,
콤플렉스

열등 콤플렉스를 가진 사람의 특징
을 인생의 중요한 문제로부터 도
피, 많은 원칙과 결정으로 제한된
좁은 범위의 행동에 집착이다.

That man is the richest whose pleasures are the cheapest.

즐거움에 돈을 들이지 않는 사람이 가장 유복하다.

Henry David Thoreau(미국의 작가, 시인, 사상가)

열등 콤플렉스와
공동체 감각의 관계

지금까지 살펴봤듯이 사회에 적응하지 못한다는 문제는 자신이 열등하다는 감각과 우월해지고 싶다는 마음에서 비롯된다. 열등 콤플렉스, 우월 콤플렉스라고 하는 말 자체가 이미 적응할 수 없는 문제가 일어난 결과를 보여주고 있는 것이다. 이 두 가지는 부모로부터 유전된 것이 아니고 혈액 속에 있는 어떤 물질도 아니다. 타인과의 관계, 사회적인 환경이 동기로 발생했을 뿐이다. 그러나 모든 사람이 이러한 콤플렉스를 갖는 것은 아니다. 분명 사람은 누구나 어떤 열등감을 가지고 있고 성공과 우월성을 지향하고 있다. 이것이야말로 정신의 명령이다. 콤플렉스가 없는 사람은 자신 속에 내재된 열등감과 우월감을 정신의 메커니즘을 통해 사회에 도움이 되는 형태로 활용하고 있는 것이다. 그것을 가능하게 하는 것이 공동체 감각, 용기, 사회의식이고 바로 상식적 논리인 것이다.

그렇다면 여기서 정신 메커니즘이 잘 기능하고 있는 예와 기능하지 않는 예, 두 가지를 살펴보자. 열등감이 있더라도 지나치지 않다면 그 아이는 항상 가치 있는 존재가 되려고 노력하고 사회에 있어서 유익한 존재가 되려고 할 것이다. 그러한 아이는 자신의 목적을 달성하기 위해 타인에게도 흥미를 갖고 있다. 사회성과 공동체 감각을 익히는 것은 올바른 보상행위이고 평범한 일이다. 원래 아이든 어른이든 우월함을 지향하는 노력이 그러한 발달로 이어지지 않는 사람은 존재하지 않을 것이다. 사람은 누구나 타인에게 흥미를 갖고 있다. 타인과 세계에 전혀 흥미가 없는 것처럼 행동하는 사람도 분명히 있지만, 그것은 진심이 아니다. 또한 그 반대로 사회에 적응하지 못하는 것을 감추기 위해 타인에게 흥미가 있다고 주장하는 사람도 있다. 다시 말해 이것은 말로는 하지 않지만 공동체 감각이 보편적인 것이라고 증언하고 있는 것과 같다고 할 수 있을 것이다.

그렇지만 사회에 적응하지 못한다는 문제는 분명히 존재한다. 문제의 기원을 찾기 위해 여기서는 전형적이지 않은 예를 생각해 보자. 열등 콤플렉스를 갖고 있지만 바람직한 환경에 있는 덕에 현재(懸在)화되지 않은 사례이다. 이 경우 콤플렉스는 감춰져 보이지 않게 된다. 또는 적어도 감추려고 하는 경향이 드러난다. 때문에 특별한 고통이 없는 환경이라면 그 사람은 완전히 만족하고 있는 것처럼 보일 것이다. 그러나 좀 더 상세하게 관찰하면 그 사람의 진정한 모습이 보이게 된다. 말과 의견의 형태로 명확하게 드러나지 않더라도 태도를 보면 열등감을 갖고 있다는 사실이 드러나게 된다. 이것은 열등 콤플렉스이고 너무 커진 열등감에서 비롯된다. 열등 콤플렉스를 가진 사람은 언제나 무거운 짐에서 해방되고 싶어 하지만, 원래 무거운 짐은 자기중심적인 사고에 의해 자기 마음대로 짊어진 것이다.

흥미롭게도 열등 콤플렉스를 감추는 사람이 있는가 하면 "나는 열등 콤플렉스가 있다."고 고백하는 사람도 있다. 고백하는 사람은 모두 자신의 고백에 도취돼 있다. 남들은 감추고 싶어 하는 것을 자신은 당당하게 인정하고 있기 때문에 자신이 남들보다 뛰어나다고 생각하고 있다. "나는 정직하다. 내 고통의 원인에 대해 거짓말을 하지 않는다."며 스스로 자위한다. 그러나 열등 콤플렉스를 고백하는 바로 그 순간에 사실은 인생에 어떤 문제가 있고 그로 인해 자신이 이렇게 되었다고 넌지시 암시한다. 부모와 가족 탓으로 돌릴지도 모르고, 교육을 받지 못한 탓으로 돌릴지도 모르고, 어떤 사고나 억압을 탓할지도 모른다.

열등 콤플렉스는 우월 콤플렉스의 그림자 뒤에 숨어 있는 일이 자주 있다. 이 경우 우월 콤플렉스는 보상의 역할을 다하고 있다. 그런 사람은 대부분 거만하고 자존심이 세며 타인을 깔본다. 실제 행동보다도 보여주기 위한 행동을 중시한다.

이런 타입의 인물은 우월성을 추구하는 처음 단계에서 '긴장(緊張)증'을 경험하는 경우가 많다. 이 경험이 나중에 실패의 변명으로 이용되는 것이다. "만약 긴장증이 아니었다면 못할 게 없는데!"라는 변명이다. 이 '만약'으로 시작되는 말은 대부분 열등 콤플렉스를 감추는 역할을 하고 있다.

열등 콤플렉스를 가진 사람의 특징을 몇 가지 열거해 보면 교활함, 꼼꼼함, 지식의 과시, 인생의 중요한 문제로부터 도피, 많은 원칙과 결정으로 제한된 좁은 범위의 행동에 집착하는 등이다. 또한 항상 무언가에 의존하고 있다면 그것도 열등 콤플렉스가 있다는 사인이다. 그런 사람은 자신을 신용하지 않고 기이한 것에 관심을 갖고 있다. 신문과 광고를 수집하는 등, 특이한 아집을 갖게 되는 것이다. 그렇게 자신의 시간을 헛되이 보내며 항상 변명만을 하고 있다. 인생에 있어서 무익하다고 여겨지는 행동만 반복하며, 그 행동이 오래 지속되면 결국 강박 신경증을 일으키게 될 것이다.

공동체 감각의
결여와 범죄

문제가 있는 아이는 표면으로 드러난 문제가 무엇이든 반드시 열등 콤플렉스를 품고 있다. 예를 들어 게으른 아이라면, 게으름은 인생의 중요한 과제로부터 도망치기 위한 것으로 콤플렉스를 갖고 있다는 증거가 될 것이다. 도둑질을 하는 것은 타인의 무방비와 부재중의 기회를 노리고 있기 때문이다. 거짓말을 하는 것은 진실을 말할 용기가 없기 때문이다. 아이가 이러한 징조를 보이는 것은 예외 없이 자신 속에 열등 콤플렉스를 품고 있기 때문이다.

열등 콤플렉스가 진전되면 신경증이 된다. 그리고 불안 신경증이 되면 대부분의 일을 자기 마음대로 할 수 있다. 항상 누군가 함께 있기를 바란다면 그렇게 할 수 있다. 누군가의 도움을 받으며 그 사람의 시간을 독점한다. 그럼으로써 열등 콤플렉스가 우월 콤플렉스로 바뀌는 것이다.

'타인은 나를 섬기기 위해 존재한다!' 는 것이다. 신경증 환자는 타인을 부림으로써 우월감을 얻는다. 정신병 환자의 경우에도 똑같은 열등 콤플렉스에서 우월 콤플렉스로의 변화를 엿볼 수 있다. 열등 콤플렉스로 인해 온갖 것들로부터 도망친 결과 인생에서 문제가 발생하면 상상의 세계 속에서 '나는 위대하다.' 라고 믿고 성공한 기분을 갖게 된다.

콤플렉스가 발달하는 것은 사회성을 익히고 유익한 존재가 되지 못하고 실패했기 때문이고, 그 사람이 사회성을 익히는 것을 실패하는 것은 용기가 없기 때문이다. 그리고 용기가 없는 것과 더불어 사회성을 익히는 것의 중요성을 이해하지 못하는 것도 원인이 된다.

그런 경향이 가장 현저하게 드러나는 것은 범죄자일 것이다. 범죄자의 행동은 그야말로 열등 콤플렉스의 원형이다. 범죄자는 비겁하고 어리석다. 이 비겁하고 어리석음은 범죄적이라는 경향을 만들어내는 요소가 되었다.

음주벽이 있는 사람도 마찬가지로 분석할 수 있을지도 모른다. 그들은 술을 마심으로써 인생의 문제로부터 도망치고 있다. 그리고 비겁하기 때문에 인생의 무익한 측면에서 비롯되는 위안으로 만족하고 있는 것이다.

이상의 사람들은 독자의 사고회로를 가지고 있어 용기가 있는 평범한 사람들의 상식과는 전혀 다른 사고방식을 한다. 예를 들어 범죄자는 변명만 하거나 아니면 타인을 원망한다. 아무리 열심히 일해도 가난할 뿐이라며 노동 환경을 비판하거나 자신을 도와주지 않는 사회를 원망한다. 아니면 뱃속의 명령은 거스를 수 없다는 등의 말을 할 것이다. 그리고 재판이 열리면 저 유명한 유괴 살인범 히크만처럼 "그건 하늘의 명령이었다."는 변명을 한다. 또한 소년을 살해한 죄로 재판에 회부된 한 범죄자는 형이 확정되자 "한 명쯤 죽여도 문제 없잖아. 비슷한 애들이 얼마든지 있으니까."라고 했다고 한다. 그 외에도 흔히 말하는 '철학자' 라 불리는 타입의 범죄자도 있다. 많은 훌륭한 사람들이 가난으로 고생하고 있으니 돈 많은 노파를 죽이는 것은 잘못이 아니라고 주장하는 범죄자이다.

그들의 변명은 제대로 된 근거도 없다. 사회적으로 무익한 목적에서 비롯된 사고회로이며 그런 목적을 갖게 된 것은 용기가 없기 때문이다. 그들은 항상 자신을 정당화하지 않으면 안 된다. 정말로 유익한 목적이라면 그 어떤 변명도 전혀 필요 없는 것이다.

학교에서
퇴학당한 소녀

그럼 이제부터는 실제 증상의 예를 살펴보면서 사회적 태도와 목적이 어떻게 반사회적인 것으로 변화하는지를 분석해보자. 첫 예는 곧 14살이 되는 소녀다. 그녀는 정직한 가정에서 태어났다. 아버지는 성실하여 병이 들 때까지 가족들을 위해 열심히 일했다. 어머니는 착하고 성실한 여성으로 6명의 아이들을 최선을 다해 돌봤다. 장녀는 똑똑하였지만 12살에 죽었다. 둘째도 여자아이로 잔병치레가 많았지만 나중에 병이 완치되자 가족을 헌신적으로 돌보게 되었다. 그리고 다음에 태어난 아이가 이번 사례의 여자아이다. 이 아이는 태어나면서부터 줄곧 건강한 아이였다. 어머니는 병약한 두 아이와 아버지의 간호를 해야 했고, 이 아이(여기서는 앤이라는 가명을 쓰기로 하겠다.)까지 돌봐줄 여력이 없었다. 앤에게는 남동생이 있었지만, 이 아이도 똑똑하고 병약했다. 쉽게 말해 앤은 귀여움을 독차지하고 있는 두 명의 아이 사이에 끼인 상태인 것이다. 앤도 착한 아이였지만 언니와 동생만큼 사랑을 받지 못하고 있다고 느끼고 있었다. 자신만 없는 사람 취급을 받는 것 같아 불만을 품고 억압당하고 있다고 느끼고 있었다.

그러나 학교에서는 달랐다. 성적도 늘 1등으로 선생님한테 월반을 하라는 권고를 들을 정도였다. 실제로 13살 6개월에 고등학교에 입학했지만, 고등학교에서 만난 새 선생님에게는 미움을 사고 말았다. 아마도 처음에는 앤 자신이 준비되지 않았기 때문일 것이다. 그러나 선생님의 인정을 받지 못해 성적은 점점 떨어지게 되었다. 이전 선생님으로부터 칭찬을 받았을 때는 전혀 문제가 없는 학생이었다. 성적도 좋고 친구도 많았다. 단, 개인 심리학의 관점에서 본다면 교우관계만 보더라도 그녀에게 문제가 있다는 것을 꿰뚫어보았을 것이다. 그녀는 항상 친구들을 비판하며 친구들을 지배하려 했다. 언제나 친구들의 주목을 받으며 비판당하는 것을 거부했다.

앤의 목적은 칭찬받는 것, 역성을 들어주는 것, 자신을 돌봐주는 것이었다. 그녀가 이 목적을 달성할 수 있는 곳은 집이 아니라 학교뿐이었다. 그러나 새로운 학교에 들어가자 칭찬을 받지 못하게 되었다. 오히려 공부가 부족하고 성적이 나쁘다는 꾸중을 듣게 되었다. 그리고 앤은 결국 학교를 등한시하게 되었다. 2, 3일 결석을 한 뒤에 등교를 하면 사태는 더욱 악화되었다. 교사는 그녀에게 자퇴를 권했다.

여기서 중요한 것은 퇴학 처분이 아무런 해결책이 되지 않는다는 것이다. 오히려 학교와 교사가 자신들이 문제를 해결할 수 없다고 인정하는 것과 마찬가지일 것이다. 이 경우 만약 자신들이 해결할 수 없다면 외부의 도움을 청해야 했다. 부모와 면담하여 전학을 하는 방법도 있을 것이다. 혹은 담임교사를 바꾸어야 했을지도 모른다. 앤을 좀 더 잘 이해할 수 있는 교사가 분명히 있었을 것이다. 그러나 담임교사는 그렇게 생각하지 않았다. "학교를 등한시하고 성적이 떨어지고 있으니 당연히 퇴학시켜야 마땅하다."고 믿고 있었다. 이 생각은 교사 자신의 개인적인 착각을 반영하고 있을 뿐 상식적이지는 않다. 그리고 교사는 더더욱 상식이 중요한 직업이다.

그다음 일은 대충 상상이 가능할 것이다. 앤은 인생의 마지막 희망을 잃고 모든 것이 끝났다고 생각했다. 그리고 학교를 자퇴하게 되자 얼마 되지 않는 집안에서의 입장도 완전히 잃고 말았다. 앤은 집에서도 학교에서도 도망치고 말았다. 며칠 동안 행방불명이 되었다가 어느 군인과 연인이 되어 나타났다.

앤의 행동은 쉽게 이해할 수 있다. 그녀이 목적은 칭찬을 받는 것으로 새로운 학교에서 문제가 일어나기 전까지는 유익한 방향을 향해 훈련돼 있었지만, 상황이 바뀌면서 무익한 측면을 향하게 된 것이다. 연인인 군인도 처음에는 그녀를 칭찬하고 소중히 대했다. 그러나 시간이 지난 후, 그녀는 가족에게 편지를 보내 임신을 했다는 것과 약을 먹고 죽고 싶다는 사실을 알려 왔다.

가족에게 편지를 보내는 행위는 그녀의 인격과도 일치하고 있다. 그녀는 항상 자신이 칭찬받을 수 있는 상황을 원하고 있었다. 그리고 칭찬받을 수 있는 곳을 전전한 결과 결국은 집으로 돌아온 것이다. 어머니가 자신을 걱정하고 있다는 것을 깨닫고 꾸중을 듣지 않을 것이라고 생각했다. 가족은 분명 자신이 돌아와 줘 기뻐할 것이라고 확신했다.

앤과 같은 사례를 다룰 때는 상대의 입장이 되어 생각하는 것이 중요하다. 상대는 칭찬 받기만을 바라며 살고 있는 사람이다. 그런 사람의 입장에서 생각한다면, 먼저 '나는 어떻게 하는 것이 좋을까?' 라고 자문해봐야 할 것이다. 성별도 나이도 고려할 필요가 있다. 그리고 언제나 인생의 유익한 측면으로 향할 수 있게 용기를 내도록 격려해 줘야 한다. 그리고 최종적으로는 본인이 스스로 문제를 깨닫게 하는 것이다. '어쩌면 전학을 가는 것이 좋을지도 모른다. 자신의 견해가 틀렸을지도 모른다. 어쩌면 학교에서 나는 자신의 착각만으로 행동하고 선생님의 생각을 이해하지 못했을지도 모른다.' 고 본인이 깨달을 수 있게 하는 것이 목표다. 만약 용기를 심어줄 수 있다면 상대는 유익한 측면을 향해 노력하게 될 것이다. 인간이 망가져버리는 것은 용기가 없는 것과 열등 콤플렉스가 합쳐지는 것이 원인이다.

이번에는 앤과 똑같은 입장에 처해 있는 소년에 대해 살펴보자. 나이는 앤과 같고 범죄자가 되려 하고 있다. 이러한 사례는 흔한 일이다. 소년은 학교에서 용기를 잃게 되면 학교를 떠나 갱단에 들어가는 경우가 많다. 이런 행동은 쉽게 이해할 수 있을 것이다. 희망과 용기를 잃은 소년은 공부를 소홀히 하게 돼 부모의 사인을 위조하여 출석을 하지 않고 숙제를 하지 않는 등, 어딘가 딴청을 부릴 수 있는 곳으로 도망쳐버린다. 그곳으로 가면 자신과 비슷한 동료가 있기 때문이다. 그렇게 소년은 갱단이 된다. 학교에 대한 흥미를 완전히 잃고 점점 더 반사회적 사고회로에 물들어 간다.

성공할 수 있을지는
용기에 달려 있다

열등 콤플렉스는 본인에게 특별한 능력이 없다는 생각에서 비롯되는 경우가 많다. 이렇게 생각하는 것은 인간에게는 재능이 있는 사람과 없는 사람이 있다고 믿기 때문이고, 그렇게 믿고 있는 자체가 열등 콤플렉스를 갖고 있다는 증거이기도 하다. 앞에서도 말했듯이 개인 심리학은 '누구나 무엇이든 달성할 수 있다.' 라는 입장을 취하고 있다. 만약 이 생각에 동의하지 않고 자신이 유익한 측면인 목표를 달성할 수 없다고 느끼고 있다면, 그것은 열등 콤플렉스를 갖고 있다는 사인이다.

또한 선천적인 성격이 있다고 믿는 것도 열등 콤플렉스의 일부다. 만약 정말로 선천적인 성격이 있다면, 또한 성공할 수 있을지가 선천적인 능력으로 결정된다면, 심리학자가 할 수 있는 일은 아무것도 없다. 그러나 실제로는 성공할 수 있을지는 용기에 의해 결정되는 것으로 심리학자가 해야 할 일은 절망을 희망으로 바꿔주는 것이다. 희망이 있다면 유익한 측면으로 향하는 에너지가 넘쳐 난다.

16살의 아이가 학교를 퇴학당하고 절망감에 자살하는 케이스가 가끔 있다. 이 경우 자살은 일종의 복수이자 사회에 대한 고발이다. 이 아이는 자살함으로써 자기주장을 하고 있다. 단, 상식적으로는 자기 멋대로의 사고회로로 자기주장의 방법을 선택했을 뿐이다. 여기서 필요한 것은 아이를 설득하고 유익한 길을 갈 수 있는 용기를 부여해 주는 것이다.

가족의
사랑을 받지 못한
아이들의 문제

비슷한 사례는 얼마든지 있다. 예를 들어 11살 소녀의 케이스를 살펴보자. 그녀는 집에서 소외감을 느끼고 있었다. 다른 형제들은 모두 사랑을 받고 있지만 자신은 그렇지 못하고 필요 없는 아이라고 느끼고 있었다. 그리고 언제나 기분이 좋지 않고 공격적이고 반항적인 성격이 되었다. 이 또한 쉽게 분석할 수 있는 케이스다. 그 소녀는 자신이 사랑받고 있지 않다고 여기고 있었다. 처음에는 부모의 인정을 받기 위해 노력했지만 결국 희망을 잃어버린 것이다. 그러던 어느 날, 그녀는 도둑질을 하기 시작했다. 개인 심리학에서 볼 때, 아이의 절도는 범죄라기보다는 오히려 자신을 풍요롭게 하기 위한 행위이다. 그리고 자신을 풍요롭게 하고 싶다고 여기는 것은 자신이 무언가를 빼앗겼다고 느끼기 때문이다. 다시 말해 이 소녀가 절도를 한 것은 가정에서의 애정 부족과 아이 내면

242

의 절망감이 원인이었다. 아이가 절도를 하는 것은 거의 예외 없이 무언가를 빼앗겼다는 감정이 있기 때문이다. 그 감정이 현실을 반영하지 않는 경우도 있지만, 아이 자신은 빼앗기고 있다고 믿고 있으며 그것이 행동을 일으키는 심리적인 원인이 된 것이다.

또한 8살 소년의 케이스도 있다. 이 소년은 고아였다. 못생긴 얼굴에 양부모 밑에서 자랐다. 양부모는 소년을 방치한 채 제대로 훈육을 하지 않았다. 이따금씩 어머니에게서 사탕을 받는 일이 있었는데, 이것이 소년에게 있어 인생의 즐거움이었다. 이 사탕이 떨어져 받을 수 없을 때는 심하게 풀이 죽었다. 어머니는 나이 차이가 많이 나는 남성과 결혼하였고, 남편과의 사이에 여자아이 한 명이 태어났다. 여자아이의 존재는 나이 든 부분에게 있어 인생의 유일한 즐거움이었다. 그는 딸의 응석을 전부 다 받아 주었다. 이 부부가 이 양자 소년을 그대로 집에 데리고 있는 것은 다른 곳에 맡길 돈을 지불하고 싶지 않아서였다. 아버지는 집에 돌아오면 딸에게 사탕을 선물하였지만, 아들에게는 아무것도 주지 않았다. 그 결과 소년은 사탕을 훔치게 되었다. 그가 훔친 것은 본인이 무언가를 빼앗겼다고 느꼈기 때문이다. 빼앗긴 것을 보충하기 위해 도둑질을 하였다. 아버지에게 들켜 매를 맞았지만 여전히 도둑질을 했다. 아버지에게 맞으면서도 도둑질을 계속하였기 때문에 이 소년이 용기 있는 아이라고 생각하는 사람이 있을지도 모르지만, 그 생각은 틀린 생각이다. 정정당당하게 훔친 것이 아니라 항상 들키지 않기를 바라고 있었기 때문이다.

가정에서 사랑을 받지 못한 아이는 동료의식이라는 것을 전혀 경험하지 못한 채 자란다. 우리는 우선 이 소년을 설득할 필요가 있었다. '동료'로서 살 기회를 주어야 했다. 소년이 타인의 마음을 이해하고 타인의 입장에서 생각할 수 있게 된다면, 아들의 도둑질을 발견했을 때 아버지의 마음과 자신의 사탕이 없어졌을 때 여동생의 마음을 이해할 수 있을 것이다. 여기서도 공동체 감각의 결여, 이해의 부족, 그리고 용기의 결여는 열등 콤플렉스로 이어진다는 것을 보여주고 있다. 이 소년의 경우에는 부모에게 사랑받지 못한 아이의 열등 콤플렉스가 있다.

11장

연애와
결혼

결혼이라는 상황에서 필요한 것은
상대에게 관심을 갖는 것이고 상대
의 입장에서 생각하는 능력이다.

As the purse is emptied, the heart is filled.
지갑이 가벼워질수록 마음이 채워진다.
Victor, Marie Hugo(프랑스 낭만주의 시인, 소설가)

연애와 결혼은
공감이 필요하다

연애와 결혼을 위한 올바른 준비는, 첫째로 건전한 사회의 일원이 되는 것이자 사회에 적응하는 것이다. 이 일반적인 준비 이외에도 유소년기부터 성숙한 어른이 될 때까지 성 본능에 대한 훈련을 받아야 할 필요가 있다. 다시 말해 건전한 성적 욕구를 익히고 결혼과 가정이라는 틀 속에서 만족할 수 있도록 하는 것이다. 연애와 결혼에 관한 문제와 능력은 모두 유소년기에 형성된 인격의 원형 속에서 이미 엿볼 수 있다. 인격의 원형 속에 있는 성질과 경향을 관찰함으로써 어른이 된 후의 문제를 예견할 수 있다.

연애와 결혼에서 흔히 볼 수 있는 문제는 일반적인 사회적응의 문제와 대부분 같다. 양쪽 모두 비슷한 곤란이 있고 해야 할 과제도 같다. 여기서 깨달아야 할 것은 연애와 결혼은 지상의 낙원이 아니라는 것이다.

연애와 결혼을 너무 이상적으로 생각하고 어떤 욕구도 충족시킬 수 있다고 생각하는 것은 잘못이다. 거기에는 일관되게 해야 할 과제가 있고, 언제나 타인을 염두에 두고 그 책임을 다해야 한다.

연애와 결혼이라는 상황은 일반적인 사회적응보다 더 많은 공감능력이 필요하다. 상대의 입장에서 생각하는 특별한 능력이 필요한 것이다. 현대인의 대부분이 결혼을 위한 올바른 준비가 되어 있지 않다면, 그것은 타인의 눈으로 보고, 타인의 귀로 듣고, 타인의 마음으로 느끼는 훈련이 되어 있지 않기 때문일 것이다.

이 책에서는 지금까지 자신 이외에 흥미를 느끼지 못한 채 성장한 아이를 많이 다루어 왔다. 어른이 되어 성적으로 성숙하더라도 그러한 성격은 쉽게 변하지 않는다. 사회 참가의 준비가 되어 있지 않은 것과 마찬가지로 연애와 결혼 준비도 되어 있지 않은 상태이다.

지배자가 아니라
파트너 입장에서
생각한다

공동체 감각의 발달에는 시간이 걸린다. 진정한 사회성을 익힐 수 있는 것은 유소년기부터 공동체 감각을 가질 수 있도록 훈련을 받고 항상 인생의 유익한 측면을 향해 노력한 사람뿐이다. 때문에 어떤 사람이 이성과 교제할 준비가 되어 있는지를 구별하는 것은 그다지 어려운 일이 아니다.

구별하는 방법은 인생의 유익한 측면에 있는 사람의 특징을 떠올리기만 하면 된다. 그런 사람은 용기가 있고 스스로 자신이 있다. 인생의 과제와 정면으로 마주하고 해결책을 찾으려 한다. 동료가 있고, 친구가 있고, 이웃과도 사이좋게 지낸다. 그런 특징이 없는 사람은 신뢰할 수 없고 연애와 결혼에 대한 준비도 되어 있지 않다. 그러나 일반적으로는 안

정된 직업이 있는 것만으로 결혼 준비가 되어 있다고 생각하는 경우도 있다. 개인 심리학에서는 아주 사소한 사인을 판단 기준으로 삼고 있지만, 비록 사소한 것이라도 그 인물이 공동체 감각을 가지고 있는지 없는지를 판단하는 데 있어서 중요한 역할을 하고 있다.

공동체 감각이라는 것의 본질을 이해하면 연애와 결혼에 관한 문제를 만족스러운 형태로 해결하기 위해서는 두 사람의 완전한 평등이 필요하다는 것을 알 수 있다. 이 'give and take'라는 원칙은 매우 중요하다. 상대를 존중하고 있는지 아닌지는 그다지 중요하지 않다. 사랑만으로는 아무것도 해결되지 않는다. 왜냐하면 사랑에도 여러 가지 형태가 있기 때문이다. 대등한 관계를 구축하기 위해서는 적절한 기초가 있어야 비로소 사랑이 올바른 길로 가고 결혼생활에서 성공할 수 있다.

남편이나 아내 중에 누군가가 지배자가 되려고 하면 치명적인 결과를 초래하게 될 것이다. 지배자가 되기 위해 결혼을 한다면 그것은 제대로 된 준비가 아니다. 아마도 결혼생활에서 준비가 잘못되었다는 것이 증명될 것이다. 지배자가 필요하지 않은 상황에서 지배자가 되는 것은 불가능하다. 결혼이라는 상황에서 필요한 것은 상대에게 관심을 갖는 것이고 상대의 입장에서 생각하는 능력이다.

열등 콤플렉스가
결혼을 멀리한다

이제부터는 결혼에 필요한 특별한 준비에 대해 살펴보자. 이미 살펴봤듯이 사회성과 성 본능을 적절하게 이어주는 것도 필요한 준비 중의 하나이다. 실제로 누구나 어린 시절부터 이미 '이상적인 이성상'을 자신 속에서 연상하고 있다. 남자아이라면 어머니가 이상형인 경우는 흔한 일로 어른이 돼서도 결혼 상대는 어머니와 닮은 사람을 찾게 된다. 또는 어머니와 아들 사이에 불행한 긴장관계가 있는 경우에는 어머니와는 정반대 타입을 추구하게 된다. 아들과 어머니의 관계는 아들이 어떤 여성과 결혼하는가에 큰 영향을 끼친다. 상대 여성의 눈, 체형, 머리 색 등, 그런 상세한 것까지 어머니의 그림자를 볼 수 있다.

또 한 가지 확실한 것은 어머니가 지배적이고 아들을 억압한 경우 아들이 연애와 결혼에 대하여 소극적이게 된다는 것이다. 이러한 남성의 이상형은 아마도 자신에게 복종하는 약한 여자일 것이다. 또는 공격적인 성격이라면 결혼한 뒤에도 아내와 싸우며 아내를 지배하려 한다.

유소년기에 드러나는 성질과 경향은 어른이 돼 연애라고 하는 과제에 직면하면 더욱 강조되게 된다. 열등 콤플렉스를 품고 있는 사람은 성 문제와 마주할 때 어떻게 행동할까? 아마도 자신은 나약하고 열등하다고 느끼기 때문에 언제나 누군가에게 의지하고 싶다고 여길 것이다. 그런 타입은 어머니와 같은 여성을 원한다. 혹은 열등감을 보충하기 위해 오히려 거만하고 공격적이 될지도 모른다. 그 사람에게 용기가 없다면 여기서도 선택의 폭은 좁아질 것이다. 군이 자신처럼 공격적인 여성을 선택해 혹독한 싸움을 이겨내고 지배자가 되는 것에서 기쁨을 느낄지도 모른다.

남성이든 여성이든 이러한 태도로는 연애와 결혼에 성공할 수 없다. 연애관계를 이용하여 열등 콤플렉스와 우월 콤플렉스를 만족시키려고 하는 것은 너무나 어리석은 행위지만 실제로는 그런 사람이 많다. 그들을 잘 관찰해보면 정말로 원하고 있는 것은 연애 상대가 아니라 희생자라는 것을 알 수 있다. 연애관계는 자신의 콤플렉스를 보충하기 위해 존재하는 것이 아니지만 그들은 그것을 이해하지 못한다. 만약 어느 쪽인가가 지배자가 되려고 한다면 상대 또한 지배자가 되려 할 것이다. 그 결과 두 사람 함께 사는 인생은 얻지 못한다.

콤플렉스를 충족시키는 동기를 이해한다면 언뜻 보기에 기묘한 상대의 선택도 납득할 수 있다. 어떤 사람에게 있어서는 몸이 약한 사람, 병약한 사람, 나이든 사람을 선택하는 것이 자신에게 있어 편한 것이다. 또는 군이 기혼자를 상대로 선택하는 사람도 있다. 이것은 다시 말해 결혼이라는 결과를 해결하고 싶지 않다는 마음의 표출이다. 동시에 두 사람을 좋아하게 되는 것은 이미 살펴본 것처럼 '두 사람을 만나는 것이 한 사람을 만나는 것보다 빈약한 관계' 이기 때문이다.

열등 콤플렉스를 품고 있는 사람은 자주 직업을 바꾸고 문제로부터 눈길을 피해 무슨 일이든 끝까지 해내는 적이 없다. 연애라는 과제에 직면했을 때도 마찬가지로 행동한다. 기혼자를 좋아하고, 두 사람을 동시에 좋아하게 되는 것도 늘 같은 패턴을 반복하고 있는 것에 불과하다. 또는 언제까지나 결혼을 뒤로 미룬 채 영원히 구애만 하는 행위도 결혼으로부터 도망치고 있다는 증거이다.

응석받이 아이는
상대에게
지나치게 기대한다

응석받이 아이의 성격은 결혼생활에서도 변하지 않는다. 배우자가 응석을 받아주기를 기대한다. 연애 초기 단계나 신혼시절이라면 그런 응석이 받아들여지겠지만, 나중에는 문제를 일으키게 된다. 예를 들어 응석받이끼리 결혼한다면 과연 어떻게 될까? 양쪽 모두 응석을 부리기를 바라며 서로 응석을 받아주는 쪽이 되고 싶지 않다. 마치 서로 마주 서서 상대가 절대 주지 않을 것을 기대하고 있는 상태이다. 아마도 서로가 자신을 이해해 주지 않고 있다고 느낄 것이다.

본인을 이해해 주지 않는다, 자신의 행동이 제한돼 있다고 느끼는 사람은 대부분 열등감을 느끼고 그 상황에서 벗어나고 싶어진다. 특히 결혼생활에 있어서는 그런 감정은 문제를 일으킨다. 게다가 극도의 절망감까지 더해지면 사태는 치명적이 될 것이다. 그렇게 되면 상대에게 복수하고 싶다는 마음이 부글부글 끓어오른다. 상대방의 인생을 물거품이 되게 만들고 싶다고 생각하게 된다. 그 목적을 달성하는 가장 일반적인 방법은 상대를 배신하는 것이다. 바람을 피우는 것은 상대에 대한 복수다. 분명 바람을 피운 사람은 정말로 상대를 사랑하고 있다고 주장하지만 그 사랑은 진짜가 아니다. 인간의 감정은 어떤 경우라도 우월해지고 싶다는 목적으로 이어져 있다. 감정과 목적이 상반되는 일은 절대 없다.

자신에 대한 애정만을 바란 여성

이제부터는 구체적은 사례에 대해 살펴보자. 우선은 한 응석받이 여성의 케이스를 분석하자. 그녀가 결혼한 남자는 언제나 형제들로부터 압박을 받고 있다고 느꼈다. 그리고 그녀는 응석을 부리며 자란 외동딸이다. 때문에 그는 그녀의 온화함과 상냥함에 매료되었을 것이다. 그리고 그녀는 언제나 자신만 사랑해 주기를 기대하고 있었다. 두 사람의 결혼은 처음에는 매우 순조로웠다. 그러나 아이가 태어나자 문제가 발생했다. 항상 자신만 주목받고 싶어 하는 아내는 아이에게 그 자리를 빼앗기는 것이 무서웠다. 때문에 아이가 태어난 것을 그리 기뻐하지 않았다. 그리고 남편도 항상 자신에게 신경 써 주기를 바랐기 때문에 아이가 자신의 자리를 차지할까 두려웠다. 그 결과 부부는 서로에게 불신을 품게 되었다. 두 사람 다 육아를 포기하고 싶은 것이 아니라 실제로는 보다 좋은 부모가 될 수 있었을지도 모르지만, 그래도 서로의 애정이 작아지는 것이 아닐까 의심했다. 그런 불신감은 위험한 징조이다. 상대의 말, 행동, 표정 등을 모두 분석하게 되면 애정이 식은 증거를 금방 찾거나, 아니면 찾은 것 같은 기분이 들기 때문이다. 남편도 아내도 증거를 찾는다. 이 부부의 경우는 아내의 출산 직후에 남편이 휴가 때 파리에 간 것이 문제가 됐다. 남편이 파리에서 즐거운 시간을 보내는 동안 아내는 출산 후 힘든 몸을 이끌고 홀로 아기를 돌보고 있었다. 남편은 아내에게 편지를 써 여행지에서 생긴 일과 만난 사람들에 대해 즐겁게 보고했다. 아내는 자신이 잊혀진 것 같은 느낌이 들었다. 그리고 점점 행복한 마음이 사라지며 심하게 풀이 죽었다. 그리고 머지않아 광장 공포증이 발병돼 혼자서는 외출도 할 수 없게 되었다. 여행에서 돌아온 남편은 아내가 외출할 때면 항상 같이 외출해야 했다. 적어도 표면상으로 아내는 자신의 목적을 달성한 것처럼 보일 것이다. 자신이 가장 주목받는 존재가 될 수 있었기 때문이다. 그러나 이것으로는 제대로 된 만족감은 얻지 못한다. 광장 공포증이 사라지면 남편과 함께 할 수 없기 때문이다. 때문에 아내는 계속 병을 앓아야 할 필요가 있었다.

병을 치료하는 동안 아내는 매우 친절한 의사와 만났다. 그 의사가 진료를 하는 동안에는 증상이 많이 좋아졌다. 그리고 그녀는 자신의 마음속에 있는 모든 우정을 그 의사에게 쏟았다. 그러나 그녀의 증상이 좋아지자 의사는 치료를 멈춰버렸다. 그녀는 의사에게 정중하게 치료에 대한 감사의 편지를 보냈지만 답장이 없었다. 그 이후로 아내의 증상은 다시 악화되었다.

그 무렵 아내는 남편에게 복수하기 위해 바람을 피우는 상상을 하게 되었다. 그러나 광장 공포증 때문에 혼자서는 외출을 하지 못해 어딜 가나 남편이 함께였기 때문에 상상을 현실화 시킬 수 없었다.

결혼은 실로 많은 문제를 일으킨다. 때문에 '정말 이렇게까지 고생할 필요가 있는 걸까? 라는 의문이 생기는 것이다. 우리 개인 심리학자라면 결혼의 문제도 모두 유소년기에 시작된다는 것을 이해하고 있다. 또한 잘못된 라이프스타일은 인격의 원형을 발견함으로써 치료할 수 있다는 것도 알고 있다. 때문에 개인 심리학의 체계를 이용하여 결혼 카운슬링을 한다면 결혼과 연관된 문제를 해결할 수 있지 않을까 하는 생각이 떠오를 것이다. 때문에 카운슬링을 하는 사람은 개인 심리학을 배우고 인생에서 일어나는 모든 일은 이어져 있다는 것을 이해하여 상담자의 입장에서 생각할 수 있는 공감능력을 갖춘 인물이 바람직하다.

이 카운슬러는 "두 사람이 동의하는 것은 불가능합니다. 계속 싸움이 끊이지 않을 것이니 이혼해야 합니다."라는 조언은 하지 않는다. 이혼이 무슨 해결책이 되겠는가? 이혼하면 그다음은 어떻게 될 것인가? 일반적으로 이혼한 사람은 재혼하기를 바라고 이전과 같은 라이프스타일을 지속하고 싶어 한다. 개중에는 몇 번이고 이혼과 재혼을 반복하는 사람도 있다. 그들은 그저 같은 잘못을 반복하고 있을 뿐이다. 그런 사람이라도 개인 심리학의 결혼 카운슬링이 있다면 현재의 연애와 앞으로 하려고 하는 결혼에 성공 가능성이 있을지를 물어볼 수 있을지도 모른다. 또는 이혼 전에 상담을 할 수 있을지도 모른다.

결혼과
남녀의 평등

유소년기에 시작돼 결혼할 때까지는 그다지 중요하게 보이지 않는 문제는 많다. 예를 들어 실망할 것을 항상 두려워하는 사람이 있다고 하자. 그들은 어린 적부터 줄곧 비관적이라 자신이 절대로 고통을 당할 것이라고 믿고 있다. 사랑을 받지 못했거나, 혹은 자신 이외의 사람이 편애를 받고 있다고 느꼈거나, 아니면 유소년기에 상처를 입은 경험 때문에 틀림없이 다시 비극이 일어날 것이라고 착각하고 있다. 그들이 결혼하면 실망을 두려워하는 마음 때문에 질투심과 시기심이 싹트게 될 것이다.

여성 특유의 문제는 여성이 남성의 장난감에 불과해 반드시 바람을 피울 거라고 느끼는 것이다. 여성이 그렇게 생각하고 있을 경우에는 행복한 결혼생활을 기대할 수 없을 것이다. 상대가 바람을 피울 것이 분명하다고 믿기 때문에 행복한 결혼생활은 불가능하다.

연애와 결혼에 대하여 상담이 끊이지 않는다는 것을 생각해 볼 때, 아마도 이것이 인생에서 가장 중요한 과제라고 여기고 있을 것이다. 그러나 개인 심리학의 생각은 다르다. 분명히 중요한 과제이기는 하지만 가장 중요한 것은 아니다. 개인 심리학에서는 모든 과제가 똑같이 중요하다. 연애와 결혼 문제에만 주목하고 중시한다면 인생의 조화를 잃게 될 것이다.

아마도 연애와 결혼에 이렇게까지 특별한 관심을 쏟는 것은 사회 참가와 직업이라는 또 다른 두 가지 과제와 차이, 살면서 정식 지도를 받은 적이 없는 과제이기 때문일 것이다. 인생의 3대 과제에 대해 지금까지 살펴본 것을 여기서 다시 떠올려보자. 사회성을 익히는 과제에서 중요한 것은 타인과의 대인관계 방식으로 우리는 태어난 날부터 타인과의 관계를 하며 살아가는 방법을 배워간다. 사회성 훈련은 인생의 매우 빠른 단계부터 시작되고 있다. 그리고 직업에 관해서도 통상의 훈련이 존재한다. 각각의 분야에서 전문가에게 배우거나 책을 읽으면 된다. 그러나 연애와 결혼에 대해서는 과연 어떤 책을 읽은 것이 좋을까? 분명 연애와 결혼에 대한 책은 얼마든지 있다. 게다가 문학은 대부분 러브 스토리이다. 그러나 행복한 결혼에 대하여 가르쳐 줄 책은 거의 없다. 그것은 우리의 문화가 사랑으로 괴로워하는 남녀 이야기에만 관심을 갖기 때문이다. 그런 상황에서 결혼에 대해 지나치게 신중해지는 것도 당연한 일이다.

인류는 태곳적부터 그랬다. 예를 들어 성서에는 모든 악의 근원은 여자의 유혹이고 남녀는 그로 인해 항상 연애관계에서 큰 위험을 경험하게 될 것이라고 적혀 있다. 게다가 교육의 장에서도 연애에 관한 지나치게 엄격한 지도가 이루어져 왔다. 연애가 마치 죄라는 식으로 가르치기보다는 결혼에 있어서 여성은 여성답고, 남성은 남성답게 행동하는 것이 중요하다고 가르치는 것이 훨씬 현명할 것이다. 단, 남녀평등을 유지하면서 이렇게 지도할 필요가 있다.

우리 삶을 가능성으로 움직일 수 있는 것은 심리학을 배우고 실천하는 것.

결혼은
사회적 임무다

이제부터는 결혼에 대한 준비가 되지 않은 사람의 예를 들어보자. 한 젊은 남성이 무도회에 출석해 약혼자인 젊고 아름다운 여성과 춤을 추고 있었다. 그는 춤을 추는 도중에 안경이 떨어지자 그녀를 밀쳐버리고 안경을 주웠다. 그녀는 바닥에 넘어질 뻔했다. 주변에서 이 모습을 본 사람들은 모두 할 말을 잊었다. 친구가 "왜 그랬어?"라고 묻자, 그는 "안경을 밟으면 큰일이니까."라고 대답했다. 이 남성이 아직 결혼할 준비가 되지 않았다는 것은 누가 보더라도 알 수 있을 것이다. 그리고 당연히 약혼자인 여성은 그와 결혼하지 않았다.

그리고 몇 년이 지나 그는 정신과 의사를 찾아가 우울병을 호소했다. 우울병은 자신밖에 모르는 사람이 걸리기 쉬운 병이다.

결혼 준비가 됐는지 아닌지를 보여주는 사인은 얼마든지 있다. 예를 들어 정당한 이유 없이 약속 시간에 늦는 사람은 신용해서는 안 된다. 그런 태도는 아직 방황하고 있다는 증거로 인생의 과제에 대한 준비가 되지 않았다는 것을 보여주는 것이다.

상대를 자기 마음대로 하고 싶어 하고, 상대를 비평만 하는 태도도 결혼 준비가 되지 않았다는 증거일 것이다. 또한 섬세하고 상처받기 쉬운 성격도 열등 콤플렉스를 갖고 있다는 사인이 될 수 있기 때문에 주의가 필요하다. 친구가 없는 사람, 사회에 친숙하지 못하는 사람도 결혼에 대한 준비가 되지 않았다고 생각할 수 있다. 취업이 늦어지는 것도 주의 신호이다. 또한 비관적인 성격도 결혼과 맞지 않는다. 비관주의는 상황과 마주할 용기가 없다는 증거이기 때문이다.

결혼과 어울리지 않는 사람의 특징만 열거했지만, 올바른 결혼 상대를 선택하는 것은 그다지 어려운 일이 아니다. 올바른 상대라고 하기보다는 올바른 방향으로 향하고 있는 상대라고 하는 것이 좋을 것이다. 완벽한 이상형인 상대를 찾는 것은 거의 불가능하다. 완벽한 상대를 찾지 못해서 결혼하지 못하는 사람은 그것을 변명거리 삼아 결혼으로부터 도망치고 있다고 여겨진다. 처음부터 결혼할 생각이 없는 것이다.

독일에는 예로부터 그 커플이 결혼할 준비가 되어 있는지 아닌지를 판단하는 방법이 있다. 이것은 지방의 한 마을에서 전해오는 전통이다. 양쪽에 손잡이가 달린 톱을 준비하여 한 쪽을 남성이 쥐고 다른 한쪽은 여성이 쥔다. 그리고 친척들이 바라보는 곳에서 두 사람이 힘을 합쳐 나무를 잘라 쓰러뜨리는 것이다. 톱으로 나무를 자르는 것은 두 사람의 공동 작업이다. 두 사람 모두 상대방의 행동을 배려하면서 호흡을 맞추지 않으면 안 된다. 때문에 결혼 상대를 판단하기에 적절한 방법이라고 여겨지고 있다.

이 장의 마지막에 중요한 것을 다시 한 번 확인해 보자. 그것은 연애와 결혼에 적합한 것은 사회성을 익힌 사람뿐이라는 점이다. 결혼생활의 실패 대부분은 공동체 감각의 결여가 원인으로 문제를 해결하기 위해서는 당사자가 변하는 수밖에 없다. 결혼은 두 사람의 공동작업이다. 분명 우리는 본인 혼자 해야 할 임무와 여럿이 해야 할 임무를 어떻게 할 것인지를 배웠을 뿐, 두 사람의 공동작업에 대해서는 아무것도 배우지 못했다. 그러나 비록 배우지 못했더라도 각자가 자기 인격의 문제를 인정하고 평등 정신으로 모든 일을 처리한다면 신혼생활을 제대로 기능시킬 수 있을 것이다.

그리고 어쩌면 두 말할 필요도 없을지도 모르지만, 결혼의 최고 형태는 일부일처제이다. 사이비 과학을 근거로 일부다처제야말로 인간 본래의 모습이라고 주장하는 사람이 많지만, 그 주장은 인정할 수 없다. 왜냐하면 우리의 문화는 연애와 결혼가 사회적 임무이기 때문이다. 사람은 자신만을 위해서 결혼하는 것이 아니다. 간접적이기는 하지만 결혼은 사회를 위한 것이기도 하다. 다시 말해 인류는 종의 보존을 위해 결혼하는 것이다.

12장

성과 섹스의
문제

모든 욕구와 흥미를 모두 조절하고
조화를 유지해야 하지만, 그 반면
에 완전히 제압되지 않도록 주의할
필요가 있다.

Happiness does not lie in happiness, but in the achievement of it.
행복은 행복 속에 있는 것이 아니라 그것을 손에 넣는 과정 속에 있다.
Fyodor Mikhailovich Dostoevskii(러시아의 소설가, 사상가)

성적 취향은 '선천적'인 것이 아니다

앞 장에서는 연애와 결혼에 관한 일반적인 문제에 대해 살펴보았다. 이 장에서는 보다 구체적인 문제에 대해 생각해 보자. 그것은 성 문제로 이상(異常)적인 성적 기호(현실적으로나 상상으로나)의 문제이다. 이미 살펴봤듯이 연애라는 과제에 대해서는 대부분의 사람이 다른 과제와 비교해서 준비도 훈련도 부족한 상황이다. 그리고 성 문제에서는 이 경향이 더욱 현저해진다. 성에 관한 미신은 놀랄 만큼 많지만 그것들은 모두 배제해야만 한다.

가장 일반적인 미신은 성적 취향의 일부는 선천적으로 정해져 있어 바꿀 없다는 것이다. 이 '선천적'이라는 사고방식은 스스로 변할 수 없다는 변명으로 자주 이용됐고, 그것이 성장을 막는 요인이 되고 있다. 때문에 이 사고방식을 한번쯤 제대로 검증할 필요가 있을 것이다. 과학적인 근거가 있다고 하지만 과연 정말 그럴까? 일반 사람들은 과학적인 근거를 믿어 의심하지 않는다. 그러나 원래 과학적이라고 주장하는 전문가도 단지 결과를 제시하고 있을 뿐 어느 정도 억제가 가능할지나, 결과에 영향을 끼치고 있는 성 충동에 대한 인공적 자극에 대해서는 아무것도 제시하지 않고 있다.

'섹스 과잉'의
경향을 피하자

성적 취향은 유소년기부터 이미 존재하고 있다. 아이를 자주 관찰하고 있는 간호사나 부모라면 생후 불과 며칠 만에 어떤 성적 행동이 있다는 것을 깨달을 것이다. 하지만 이 시기에 성적 취향이 드러나는 것은 환경의 영향에 의한 것이 생각했던 것 이상으로 크다. 때문에 아이가 어떤 성적 행동을 보였다면 부모는 다른 곳으로 시선을 돌려줄 필요가 있다. 그러나 대부분은 잘못된 방법으로 시선을 돌리거나 또는 올바른 방법을 찾지 못하기도 한다.

유소년기 중에 올바른 기능을 발견하지 못하면 성적 행동에 대한 욕구가 평균보다 커질지도 모른다. 이미 살펴봤듯이 신체의 어느 곳인가에 장해가 있으면 그 부위에 흥미가 훨씬 커지며 성기(性器) 또한 예외가 아니기 때문이다. 그러나 이른 시점에서 시작된다면 아이를 제대로 훈련할 수 있다.

아이가 어떤 성적 행동을 하는 것은 매우 자연스러운 일이다. 때문에 실제로 목격하더라도 화를 낼 필요가 없다. 남성이든 여성이든 최종적인 성의 목적은 이성과 맺어지는 것이다. 따라서 여기서는 주의 깊게 지켜보는 방침을 취하기로 한다. 아이를 지켜보며 성적 충동이 잘못된 방향으로 향하지 않도록 주의하는 것이 중요하다.

유소년기에 자신의 훈련에 의해 익힌 성질이라 하더라도 선천적인 것이라고 여기는 경우가 많다. 때로는 이 훈련이라는 행위 자체가 선천적인 성질이라고 여기는 경우도 있다. 때문에 이성보다 동성에 큰 관심을 보이는 아이가 있으면, 그것은 선천적인 장해라고 치부한다. 그러나 실제로는 선천적인 것이 아니라 아이 본인이 평소의 훈련을 통해 익힌 장해이다. 또는 아이든 어른이든 성적으로 이상한 성질을 보이는 사람이 있다. 이 또한 선천적이라고 치부하지만, 만약 그것이 정말로 선천적인 것이라면 왜 본인은 자신을 훈련하는 것일까? 이상한 행동을 꿈꾸며 연습을 하는 것일까?

개중에는 이런 종류의 훈련을 도중에 그만두는 사람도 있다. 왜 그런지는 개인 심리학의 이론으로 설명할 수 있을 것이다. 예를 들어 지는 것을 극단적으로 두려워하고 있을지도 모른다. 그런 사람은 열등 콤플렉스를 갖고 있다. 또는 열등 콤플렉스가 이미 우월 콤플렉스로 발달했을지도 모른다. 그 결과 이번 케이스는 성적 취향을 필요 이상으로 강조하게 되었을 것이다. 그런 사람은 보통보다 큰 성적 힘을 가지고 있다.

이런 훈련은 환경으로부터 자극을 받은 결과일지도 모른다. 사진, 책, 영화, 또는 특정 교우관계에 의해 성 충동이 과도하게 발달하는 경우도 많다. 특히 현대는 모든 면에서 성에 대한 흥미를 자극하고 있다고 할 수 있을 것이다. 물론 성 충동은 인류가 존재하기 위해 필요한 것으로 연애와 결혼에 큰 역할을 하고 있다. 그 가치를 충분히 인정하면서도 현대가 '섹스 과잉' 상태라는 것도 인정하지 않으면 안 될 것이다.

현대의 부모들은 아이에게 성에 대해 가르칠 때, 무엇보다도 먼저 이 '섹스 과잉'의 경향을 피하도록 가르쳐야 한다. 예들 들어 어머니는 아이가 처음 보이는 성적 행동을 필요 이상으로 경계하면 아이도 성적인 것을 과도하게 평가하게 된다. 아마도 어머니는 아이의 성적 측면에 불안을 느끼며 그 문제로 머릿속이 가득해질 것이다. 그리고 아이가 조금이라도 성적인 행동을 하면 꾸중을 한다. 이미 살펴봤듯이 대부분의 아이는 주목받기를 좋아한다. 때문에 오히려 어머니의 주의를 끌기 위해 일부러 성적인 행동을 취하게 된다. 아이에게 성 문제로 과잉반응을 하지 않는 것이 좋다. 오히려 인생의 과제 중 하나로 평범하게 다뤄야 할 것이다. 부모가 아이 앞에서 성에 대한 과잉반응을 그만둔다면 상황은 훨씬 나아진다.

또는 자란 환경의 영향으로 아이가 특정한 성적 경향을 갖게 되는 경우도 있다. 예를 들어 어머니가 단순이 애정이 많은 것이 아니라 뽀뽀나 포옹 등으로 애정표현을 한 경우이다. 많은 어머니들이 참지 못해 자신도 모르게 하고 말았다고 하지만, 역시 과도한 스킨십은 자제하는 것이 좋을 것이다. 원래 그런 행위는 어머니의 애정표현이라 할 수 없기 때문이다. 자신의 아이를 적으로 대하는 것과 마찬가지다. 응석받이 아이는 성적으로 바르게 발달할 수 없다.

성적 이상(異常)의
중심에는
열등 콤플렉스가 있다

또한 이 문제와 연관해서 한 가지 지적해 두고 싶은 것이 있다. 많은 의사와 심리학자는 성적 취향의 발달이 기초가 되어 모든 정신과 육체의 기능이 발달한다고 믿고 있다. 그러나 필자는 그 의견이 틀렸다고 생각한다. 왜냐하면 성적 취향은 그 사람의 성격을 토대로 발달하고 형성되기 때문이다. 성격이란 다시 말해 라이프스타일과 인격의 원형을 말한다.

때문에 예를 들어 특정 방법으로 성적 취향을 보이는 아이, 또는 성적 취향을 억제하는 아이가 있다면 각각 어떤 어른이 될지는 대충 예상을 할 수 있다. 항상 주목받고 싶어 하고 타인을 지배하고 싶어 하는 아이는 성적 취향에서도 주목받고 지배하기를 바랄 것이다.

동시에 복수의 상대와 성적 관계를 맺는 사람의 대부분은 자신이 뛰어나므로 타인을 지배하고 있다고 믿고 있다. 그들은 의도적으로 자신의 성 충동을 과도하게 강조하고 있으며 거기에는 '타인을 지배하고 싶다.' 는 심리적 이유가 있다. 물론 이 지배는 단순히 환영에 불과하지만 열등 콤플렉스를 보충하는 역할을 하고 있다.

성적 이상의 핵심에는 열등 콤플렉스가 있다. 열등 콤플렉스가 있는 사람은 언제나 가장 쉽게 도망칠 방법을 모색하고 있다. 그리고 때로는 인생의 다른 과제를 모두 던져버리고 성 생활에 몰두하는 것이 가장 쉬운 도피처가 되는 것이다.

아이는 이 경향을 보이는 일이 자주 있다. 아이는 일반적으로 타인의 관심을 독점하고 싶어 한다. 부모와 교사의 관심을 끌기 위해 문제를 일으켜 결과적으로는 인생의 무익한 측면으로 향해 가고 있는 것이다. 어른이 된 뒤에서도 그렇게 타인의 관심을 끌어 타인을 지배하려 한다. 그런 아이는 자신의 성 충동과 타인을 지배하고 싶다, 우위에 서고 싶다는 마음의 구별을 하지 못한 채 성장한다. 또는 인생의 가능성과 과제로부터 도망치기 위해 이성을 완전히 거부하고 동성애의 경향을 띄게 되기도 한다. 여기서 중요한 것은 성적 기호에 이상이 보이는 사람은 대부분 성적 취향을 과도하게 강조하고 있다는 것이다. 실제로 그들은 평범한 성 생활의 과제로부터 도망치기 위해 자신의 이상한 성적 습관을 강조하고 있는 것이다.

위와 같이 진단을 내리기 위해서는 먼저 그 사람의 라이프스타일을 이해할 필요가 있다. 예를 들어 자신이 주목받기를 좋아하지만 이성의 관심을 끄는 데 자신이 없는 사람이 있다고 하자. 그 사람은 '이성과의 관계'라는 측면에서 열등 콤플렉스를 갖고 있고 그 기원은 아마도 유소년기까지 거슬러 올라갈 수 있을 것이다. 그 사람이 남성이라면 어린 시절에 자신의 여자 형제나 어머니를 관찰하고 자신보다 매력이 있다고 느꼈기 때문에 본인이 여성의 관심을 끌지 못한다고 믿게 되었을지도 모른다. 이성에 대해 칭찬할 마음이 너무 강하기 때문에 점점 이성의 행동을 흉내 내게 된다. 그 결과 여성처럼 행동하는 남성과 남성처럼 행동하는 여성이 생기게 도니다.

여기서 사디즘의 기호가 있고 아이를 학대하는 남성의 예를 살펴보자. 그의 성적 습관 또한 지금까지 살펴본 것처럼 배경으로부터 형성되었다. 그의 발달 과정에 대해 살펴보면 지배적인 어머니 밑에서 자라 항상 어머니에게 비판을 당하고 자랐다는 것을 알 수 있었다. 학교에서는 우수한 학생이었지만 여전히 어머니는 만족하지 않았다. 때문에 그는 자신의 '가족애'에서 어머니를 배제하려 했다. 어머니에게 관심이 없고 아버지에게 모든 관심을 기울이고 있었다.

그렇게 자란 아이라면 여성은 엄하고 지나치게 비판적인 존재이며, 가능하다면 최대한 여성과는 관계를 맺고 싶지 않다고 생각하게 될 것이다. 이 남성도 그렇게 이성을 배제하게 되었다. 게다가 공포를 느끼면 성적으로 흥분하는 경향도 갖게 되었다. 이것은 비교적 자주 엿볼 수 있는 경향이다. 그는 그런 자신에 대해 불안을 느끼며 공포를 느끼지 않아도 될 상황을 추구하게 되었다. 그리고 어른이 되자 자신에게 벌을 주거나 고통을 주는 것에서 희열을 느끼게 되었다. 또한 아이가 학대당하는 것을 보는 것도 그에게는 쾌감이었다. 그렇게 현실과 상상의 세계에서 학대를 하면서 성적 만족감을 느낀 것이다.

부모와의 갈등으로 이상한 기호(嗜好)가 생긴다

이 남성의 케이스를 보면 잘못된 훈련이 어떤 결과를 초래하는지를 할 수 있을 것이다. 본인은 자신의 성적 기호가 생겨난 배경을 자각하지 못했다. 설령 자각하더라도 이미 늦었다. 당연히 25살이나 30살이 되어서 적절한 훈련을 하는 것은 매우 어렵다. 바른 훈련을 할 수 있는 시간은 유소년기다.

그러나 유소년기라고 하는 것은 부모와의 심리적 관계에 따라 복잡해진다. 성적으로 이상한 기호가 부모와의 심리적 갈등에서 비롯된다는 것은 매우 흥미로운 현상이다. 반항적인 아이는 특히 사춘기가 되면 부모에게 상처를 주기 위해 일부러 성적인 행동을 한다. 소년이든 소녀든 부모와 싸운 직후에 성행위를 하는 것은 흔한 일이다. 특히 부모가 성에 대해 과잉반응을 하는 타입이라면 부모에 대한 복수로 이 방법을 선택하는 경우가 많다. 반항적인 아이는 거의 예외 없이 이 점을 공격하고 있다.

이 전략을 멈추게 하는 유일한 방법은 아이가 책임감을 갖게 하는 것이다. 섹스로 부모에게 복수를 하면 상처를 입는 것은 부모뿐만이 아니라 본인도 상처를 입게 된다는 것을 자각시킬 필요가 있다.

유소년기의 환경에 의해 형성된 라이프스타일 외에도 국가의 정치와 경제 상황도 성적 취향에 영향을 끼친다. 정치와 경제는 사회의 스타일에 영향을 끼치고, 사회의 스타일은 사람들에게 큰 영향력을 갖기 때문이다. 러일전쟁에 지고 러시아 제1혁명이 실패로 끝나자 러시아 사람들은 희망을 잃었고, 그 상황에서 성 해방을 주장하는 사니즘(성욕 해방주의. 성본능의 존중, 자유연애 등을 주장하는 사상으로 아르치바셰프의 소설 '사닌'에서 유래된 말)이라 불리는 큰 풍조가 유행했다. 어른과 젊은이들은 모두 이 운동에 빠져버렸다. 일반적으로 혁명과 전쟁 중에는 언제 죽을지 모르는 상황이라 성의 해방이 확산되는 경우가 많다.

또한 흥미롭게도 경찰은 성적 취향은 심리적인 해방을 위해 이용할 수 있다는 것을 알고 있다. 적어도 유럽에서는 어떤 범죄가 일어나면 경찰은 일단 매춘 업소를 수색한다. 살인범 등의 범죄자는 대부분 그곳에 숨어 있기 때문이다. 그들은 범죄 후에 스트레스가 최고에 달한 정신을 해방시키기 위해 매춘 업소를 찾는다. 섹스를 통해 자신의 힘을 재확인하고 자신은 괜찮다는 것을 증명하려 하는 것이다.

억압되지 않고
조화가
이루어진 성적 취향

어느 프랑스인이 말하기를, 인간은 배고프지 않을 때도 먹고, 목이 마르지 않을 때도 마시고, 언제나 성 행위를 하고 있는 유일한 동물이다. 분명 성 충동을 과도하게 만족시키는 것은 다른 욕구를 과도하게 만족시키는 것과 같다고 할 수 있을 것이다. 어떤 욕구를 과도하게 만족시키고, 어떤 흥미를 과도하게 발달시키면 인생의 조화가 무너진다. 정신과의 사례를 보면 무언가 욕구와 흥미를 과도하게 발달시키기 위해 그 욕구와 흥미를 억제하지 못하게 된 사람이 얼마든지 많을 것이다. 예를 들어 돈에 대한 집착이 도를 넘은 수전노가 되는 것은 흔한 예이다. 또는 청결에 지나치게 집착하는 경우도 있다. 몸을 씻는 것을 최우선으로 하여 때로는 아침부터 밤까지 씻고 있는 경우도 있다. 그 외에도 음식에 이상하게 집착하는 사람도 있다. 그들은 온종일 계속해서 먹고 먹는 것 이외에는 흥미가 없으며 먹는 이야기만 한다.

성의 과잉도 마찬가지로 언젠가 모든 행동의 조화가 무너지게 된다. 그 결과 라이프스타일 전체가 인생의 무익한 측면으로 끌려가고 만다.

성 본능을 올바로 훈련한다면 성적 충동도 다른 모든 행동과 마찬가지로 인생의 유익한 측면으로 유도하지 않으면 안 된다. 올바른 목적을 선택한다면 성적 취향도 다른 행동도 과도하게 표현되지 않는다.

모든 욕구와 흥미를 모두 조절하고 조화를 유지해야 하지만, 그 반면에 완전히 제압되지 않도록 주의할 필요가 있다. 예를 들어 음식의 경우에는 지나친 다이어트를 하게 되면 마음에도 몸에도 나쁜 영향을 끼친다. 그것은 섹스도 마찬가지로 완전한 금욕은 피해야 한다.

다시 말해 그것은 정상적인 라이프스타일을 익히게 되면 성적 취향도 올바른 형태로 표현된다는 것이다. 정신병은 불균형적인 라이프스타일에서 비롯되는 것으로 억압된 성을 해방시켜 자유롭게 표현한다고 고쳐지는 것이 아니다. 억압된 분노가 신경증의 원인이라는 생각이 폭넓은 믿음을 주고 있지만 그것은 아니다. 오히려 그 반대로, 사람은 신경증에 걸리면 성을 올바르게 표현할 수 없게 된다.

예를 들어 어떤 사람은 좀 더 자신의 성 충동을 해방시키라는 충고를 듣고 그대로 실행했지만 결국은 증상이 더욱 악화되고 말았다. 정신병을 앓고 있는 사람은 사회적으로 유익한 목적을 향해 자신의 성적 취향을 활용할 수 있기 때문이다. 그리고 신경증을 치유할 수 있는 것은 사회적으로 유익한 목적뿐이다. 자신의 성 충동을 자유롭게 표현하는 것만으로는 신경증을 고칠 수는 없다. 신경증은 라이프스타일에서 비롯된 병으로 라이프스타일을 고치지 않는다면 신경증도 완치되지 않는다.

이상의 것들은 개인 심리학자에게 있어서 모두 자명한 이치다. 때문에 우리는 성에 관한 문제를 해결할 수 있는 것은 행복한 결혼생활뿐이라고 단언할 수 있다. 신경증 환자는 이 해결책을 좋아하지 않는다. 왜냐하면 그들은 겁쟁이라 사회활동에 대한 준비가 되어 있지 않기 때문이다. 마찬가지로 성적으로 과도한 사람, 복수의 배우자를 가지려 하는 사람, 정식으로 결혼하기 전에 동거하는 사람도 성 문제를 올바른 사회성으로 해결하는 것으로부터 도망치고 있다고 할 수 있다. 그들은 인내심이 약하기 때문에 정식으로 남편과 아내가 되어 서로의 이익을 존중하는 관계를 맺고, 그 관계를 기반으로 사회 적응의 과제를 달성할 때까지 기다리지 않는다. 그리고 정식 결혼 이외의 새로운 형태로 인생의 과제로부터 도망치는 것을 상상한다. 그러나 때로는 힘든 길이 가장 지름길이 되는 것이다.

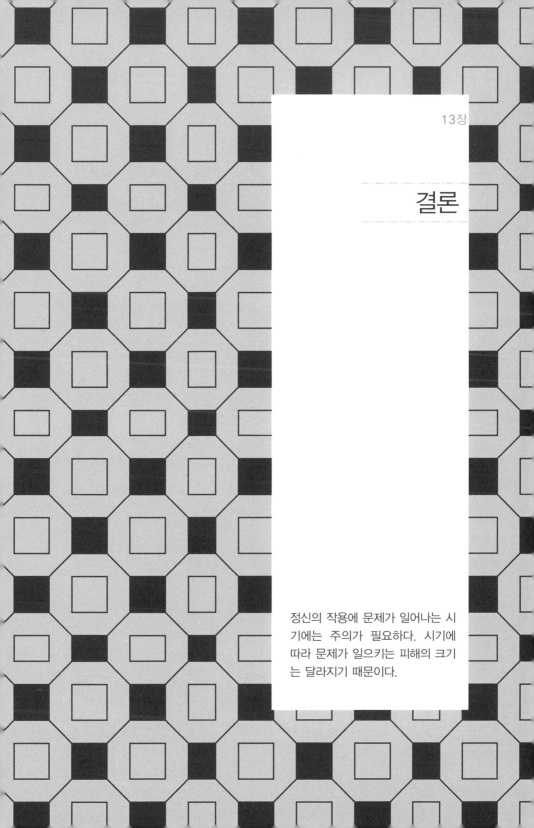

13장

결론

정신의 작용에 문제가 일어나는 시
기에는 주의가 필요하다. 시기에
따라 문제가 일으키는 피해의 크기
는 달라지기 때문이다.

Man is the artificer of his own happiness.
인간은 자기 행복의 고안자이다.
Henry David Thoreau(미국의 작가, 시인, 사상가)

결론

이제 우리의 연구를 정리하기로 하자. 여기서 주저 없이 단언하는데, 개인 심리학의 방법은 모두 열등의 문제에서 비롯돼 열등 문제로 끝나고 있다.

이미 살펴본 것처럼 사람은 '열등하다.'라는 감정이 있기 때문에 성공을 향해 노력할 수 있다. 그러나 그 한편으로 열등감은 모든 정신적 문제의 원인이 된다. 우월을 향한 올바른 목적을 찾지 못한다면 열등 콤플렉스가 생겨나는 것이다. 열등 콤플렉스가 '도망치고 싶다.'라는 욕구로 이어져 이 욕구는 우월 콤플렉스의 형태로 표현된다. 우월 콤플렉스란 다시 말해 단순한 허영심으로 인생의 무익한 측면으로 향하게 하는 목적에 불과하다. 우월 콤플렉스로 얻을 수 있는 거짓 만족이자 거짓 성공이다.

이것인 인간 심리의 작용이다. 좀 더 구체적으로 말하자면 정신의 작용에 문제가 일어나는 시기에는 주의가 필요하다. 시기에 따라 문제가 일으키는 피해의 크기는 달라지기 때문이다. 인간의 라이프스타일은 유소년기에 형성된 성격의 경향에 따라 결정된다. 이미 살펴본 것처럼 4살이나 5살 사이에 형성되는 인격의 원형을 말한다. 때문에 건전한 정신을 습득하기 위해서는 유소년기 환경이 열쇠가 된다.

그렇다면 유소년기에 어떻게 지도를 하는 것이 좋을까? 이미 살펴봤듯이 지도의 첫째 목적은 적절한 공동체 감각을 키워주는 것이다. 건전하고 유익한 목적은 공동체 감각에서 비롯된다. 사회성을 익히고 사회에 적응할 수 있도록 지도를 한다면 누구나 갖고 있는 열등감을 제대로 활용하여 열등 콤플렉스와 우월 콤플렉스로 바뀌는 것을 방지할 수 있다.

사회에 적응하는 것은 열등이라는 문제와 동전의 양면과도 같다. 한 개인은 약하고 열등하기 때문에 인간은 사회를 형성하는 것이다. 다시 말해 공동체 감각과 사회적 협력은 개인을 구제할 역할을 다하고 있는 것이다.

옮긴이 **박별**

전문번역가, 아카시에이전트 대표.
역서로는 「성공을 꿈꾸는 부자의 기술」, 「철강왕 카네기 자서전」,
「인간의 운명」, 외 다수가 있다.

살기 위해 중요한 것

2017년 03월 10일 1판 1쇄 인쇄
2017년 03월 15일 1판 1쇄 발행

지은이 | 알프레트 W. 아들러
옮긴이 | 박별
펴낸이 | 김정재
펴낸곳 | 뜻이있는사람들
북디자인 | 파워북
사   진 | 김정재

등록 | 제410-304호
주소 | 경기도 고양시 일산서구 대산로 215(대화동) 연세프라자 303호
전화 | 031-914-6147
팩스 | 031-914-6148
이메일 | naraeyearim@naver.com

ISBN 978-89-90629-38-8   03180